윤리와 무한

필립 네모와의 대화

윤리와 무한
: 필립 네모와의 대화

2020년 11월 2일 초판 1쇄 발행
2023년 10월 2일 초판 2쇄 발행

지은이 에마뉘엘 레비나스
옮김·해설 김동규
편집·발행 김지호

도서출판 100
전   화 070-4078-6078
팩   스 050-4373-1873
소재지 경기도 파주시 아동동
이메일 100@100book.co.kr
홈페이지 www.100book.co.kr
등록번호 제2016-000140호

ISBN 979-11-89092-13-9 03160

차례

〈에라스무스 총서〉를 발간하며

2020년 지금 우리는 인문학 위기를 넘어, 인문학 종언을 향해 가는 시대를 살고 있다. 연구자들은 설 자리를 잃고, 시간과 수고를 들여야 하는 인문학적 수련보다는 일회성 흥미를 유발하는 콘텐츠가 더 각광받고 있다. 특별히 깊은 사유의 기반이 되는 독서의 영역이 좁아지고 있는 현상은 현재 표면적으로 일고 있는 인문학 열풍과는 달리, 실제로는 위기에 처한 인문학의 현주소를 보여 주는 사례라고 할 수 있다. 이러한 위기는 신학에도 비슷하게 도래하고 있다. 시대의 위기를 극복하기 위해 지혜를 키워 가야 할 신학마저도 절대자를 위시한 고유한 진리에의 열망, 인문학자들마저 매료시킬 역사적 원천에 대한 탐구, 인간과 신의 화해를 향한 자유로운 사유의 실험보다는 실용적인 교회 성장이나 교파주의를 강화하기 위한 방편으로 활용되는 경우가 많다.

이러한 위기 가운데, 인문학&신학연구소 에라스무스와 도서출판 100은 신학과 대화하는 인문학, 인문학과 대화하는 신학, 더 나아가서는 양자가 서로를 비판하고 전유하는 사유의 모험을 보여 주는 일련의 실험들을 〈에라스무스 총서〉라는 이름 아래 선보이고자 한다. 르네상스 인문주의를 대표하고, 종교개혁에도 지대한 영향을 미친 데시데리우스 에라스무스는 탄탄한 인문학적 사유를 기반으로 삼아 성서와 전통에 대한 풍요로운 이해를 보여 주었고, 교회를 존중하면서도 교회에 대한 신랄한 비판을 서슴없이 할 줄 알았던 세계인이었다. 그에게 철학을 비롯한 인문학은 일부 중세인들이 간주했던 것처럼 신학의 시녀가 아니었고, 일부 종교개혁의 후예들이 폄훼한 것처럼 신학의 장애물도 아니었다. 오히려 그는 탄탄한 인문학적 훈련과 사유를 겸비한 사람이었고, 그 속에서 성서 이해와 신학이 풍요롭게 발전할 수 있음을 알았으며, 이러한 인문주의적 신학을 그의 생애 동안 몸소 보여 주었다.

〈에라스무스 총서〉가 지향하는 바도 큰 틀에서 탁월한 인문주의자 에라스무스가 시도했던 모험을 따른다. 우리는 성서와 전통에 대한 협소한 교파주의적 이해나 일부 인문학자들이 보여 주는 신학 자체에 대한 무시 내지 몰이해를 넘어, 양자 간 자유로운 대화와 비판적 전유를 보여 주는 탁월한 연구자들의 성과를 총서 기획 속에 편입시켜 세상에 선보이고자 한다. 여기에는 저명한 외국 학자들의 작품은 물론이고 참신한 생각을 가진 국내 학자들의 성과가 함께 들어갈 것이며, 인문학적 사유가 탄탄하게 배어 있는 전문 학술서부터 독자들이 다소간 접근하기 쉬운 대중적인 학술서에 이르는 다양한 형태의 연구 성과들이 포함될 것이다. 이러한 시도는 인문학과 신학의 위기 속에서도 학문적 상상력과 인내 어린 성찰을 지속하려는 사람들의 작은 소망을 지켜 나가는 운동이 될 것이다. 인문학&신학연구소 에라스무스와 도서출판 100의 우정의 연대를 통해 시작한 이러한 기획이 꾸준하게 결실을 맺음으로써, 한국 사회와 교회 안에 새로운 이론적 성찰의 가능성을 제안하기를 간절히 염원한다.

인문학&신학연구소 에라스무스

도서출판 100

필립 네모의 서문

이 책에 담긴 대담은 1981년 2월부터 3월 사이 프랑스의 공영 라디오 채널 프랑스-문화(France-Culture)에서 녹음하여 방송으로 나간 것이다. 그리고 본서의 출판을 위해 다소간 수정·보완되었다. 이 책은 에마뉘엘 레비나스(Emmanuel Lévinas)의 철학에 대한 간결한 소개로 이루어져 있다. 『윤리와 무한』은 분명 이 책 전체를 나타내기에 적절한 제목이다. 열 번에 걸친 대담은 그의 사상의 형성기에서부터, 짧지만 중요한 두 권의 저술, 『존재에서 존재자로』와 『시간과 타자』, 그리고 두 권의 주요 철학 저술, 『전체성과 무한』과 『존재와 다르게 또는 존재사건 저편』을 거쳐 신에 관한 물음을 다룬 가장 최근의 논고들—얼마 전 논문 모음집 형태의 책에 들어간 논고들[1]—에 이르기까지 레비나스 사상의 발전을 추적하고 있다.

이 간결한 안내가 레비나스 철학의 수많은 양상을 전부 포괄하지는 못하지만, 그럼에도 한 가지 특별한 의미에서 본서는 매우 충실한 길잡이를 제공한다. 이 안내는 실제로 레비나스 자신이 그의

---

[1] Emmanuel Levinas, *De Dieu qui vient à l'idée* (Paris: J. Vrin, 1982).

작품을 전체적인 관점에서 되돌아보고, 자신의 논증 표현을 단순화하는 것을 수락함으로써 정식화한 것이다. 이같이 그는 이치에 맞지 않고 그릇된 학계의 관습, 곧 자기 자신의 명성이나 전체 작품목록 뒤에 숨는 관습과는 정반대의 태도로 임했다. 따라서 이 작품은 레비나스의 생생한 모습을 담보해 내는 저자와의 대화가 지닌충실함을 충실하게 반영하고 있다.

레비나스는 플라톤(Platon)의 『파이드로스』(*Phèdre*)를 해설하면서 저자, 곧 대화의 창시자가 지닌 주권과 겸허함을 자주 강조했다. 즉, 기록된 대화를 문제시하고 오해하는 사람들에게 구두로 변호하기도 하고, 그 대화를 가져와서 현 순간이라는 시험대에, 그것의 최종 도착지가 되는 현시대 사람들의 시험대에 오르게 하면서 말이다. 이런 점에서, 또 이런 상황에서, 살아 있는 저자의 **말함**(le *dire*)은 내맡겨진 저술에서 **말해진 것**(le *dit*)을 인증해 준다. 왜냐하면 말함만이 말해진 것을 다시 말할 수 있고, 그렇게 해서 말해진 것의진리를 부각할 수 있기 때문이다. 자신의 사상에 대해 말하는 저자는 자신이 재차 말하고 싶은 것이 무엇인지를 결정한다. 간혹 레비나스가 대담자의 뜻을 따라간 것은 그가 무엇보다도 매우 명료함을 고수하고자 한 데서 비롯한 것이다. 이는 레비나스가 우리의 물음에 답하면서 자발적으로 자기 자신을 내려놓은(se livrer) 실천이었다. 그렇다고 그가 자기 책에서 길게 다루어 온 주제 외에 다른것이 나타나게끔 유도한 것은 아니다—물론 이것이 아직까지 공개되지 않은 그의 사유의 발전이나 관점을 제외했다는 말은 아니다.

에마뉘엘 레비나스는 윤리의 철학자이며, 우리 시대의 사상에서 이론의 여지가 없는 유일한 도덕주의자이다. 하지만 마치 윤리학이 전문 분야라는 듯이 그를 윤리학 전문가로 믿는 이들에게, 이 책의 몇몇 대목은 책을 읽기에 앞서 다음과 같은 중요한 논지를 가르쳐 준다. 윤리학은 제일철학이며, 이로부터 형이상학의 다른 줄기가 의미를 갖게 된다. 왜냐하면 제일 물음 —이 물음으로 말미암아 존재가 파열되고 인간이 '존재와 다르게' 세계 내 초월로 정립되며, 반대로 이 물음이 없으면 사유의 그 어떤 다른 물음도 헛될 뿐이며 스쳐 가는 바람과 다름없다 —은 정의(justice)에 관한 물음이기 때문이다.

필립 네모(Philippe Nemo)

에마뉘엘 레비나스 (Emmanuel Lévinas)

에마뉘엘 레비나스는 1906년 1월 리투아니아의 카우나스(Kaunas)
에서 태어났다. 리투아니아와 러시아에서 중등교육과정을 받았다.
1923년부터 1930년까지 스트라스부르(Strasbourg)에서 철학을 공
부했다. 1928년부터 1929년 사이에 후설 및 하이데거와 교류하며
프라이부르크(Freibourg)에 체류한다. 1930년에 프랑스인으로 귀화
한다. 동방 이스라엘 고등사범학교(l'Ecole normale israélite orientale)
교장으로 철학 교사를 역임한다. 이후 푸아티에 대학교(l'Université
de Poitier, 1964), 파리-낭테르 대학교(Paris-Nanterre, 1967), 소르본느
대학교(la Sorbonne, 1973)에서 교수 생활을 한다.[2]

---

2   역주: 이 소개는 원서에서 "필립 네모의 서문" 밑에 수록된 것이다. 역자는 레비
나스 철학의 훌륭한 입문 구실을 하는 본서의 특성을 고려하여 "해설"에서 그의
생애를 더 상세하게 설명할 것이다.

1. 성서와 철학

필립 네모(이하 네모) 사유는 어떻게 시작됩니까? 근원이 되는 사건이 먼저 발생하고 잇따라서 자기-자신에게, 자기-자신에 대해 정립되는 물음을 통해서인가요? 아니면 그보다 먼저 사상이나 저술을 접하면서 시작되나요?

에마뉘엘 레비나스(이하 레비나스) 아마도 사유는 분리, 폭력 장면, 단조로운 시간 가운데 갑자기 생긴 의식처럼, 어떻게 언어 형태로 표현해야 하는지도 모르는 트라우마나 암중모색(tâtonnements)으로부터 시작하는 것 같습니다. 이러한 최초의 충격은 책을 — 꼭 철학책이 아니라도 — 읽으면서부터 사유를 불러일으키는 물음이 되고 문제가 되지요. 여기서 민족 문학(littératures nationale)의 역할이 매우 중요할 수 있습니다. 우리는 그런 문학으로부터 단지 말을 배우는 것이 아니라, 바로 그 안에서 부재하지만 더 이상 유토피아가 아닌,

'부재하는 참된 삶'을 살게 됩니다.[1] 책은 정보의 원천이나, 배움의 '도구', **교과서**로 여겨지기도 하는데, 인간은 이러한 책을 '존재론 적'으로도 참조합니다. 저는 우리가 순전히 책에서만 얻은 것일까 봐 매우 우려하면서 이러한 책의 존재론적 참조 기능을 과소평가 하고 있다고 생각합니다. 심지어 책은 우리의 존재 **방식**인데도 말 이죠. 실제로 읽는다는 것은 아름다운 영혼의 선한 의도나 '존재해 야 함^{그래야 할}'이라는 규범적 관념성에 이르지 않으면서, 우리가 우 리 자신을 염려(souci)하는 현실주의—또는 정치학—그 이상으로 우리 자신을 지켜 줍니다.[2] 바로 이런 점에서 성서는 나에게 매우

---

1 역주: 우리는 여기서 아르튀르 랭보(Arthur Rimbaud)의 시 「지옥에서 보낸 한 철」 (Une saison en enfer)의 한 구절로 시작하는 『전체성과 무한』 1부의 도입부를 기 억해 낼 수 있다. "'참된 삶은 부재한다.' 그러나 우리는 세상 속에 있다. 형이상학 은 이런 알리바이에서 출현하고, 이러한 알리바이 속에서 자신을 유지한다. 형이 상학은 '다른 데'로, '다르게'로, '다른 것'으로 향한다"(*Totalité et Infini: essai sur l'extériotité*, La haye: Martinus Nijhoff, 1961, 3. 국역본: 『전체성과 무한』, 김도 형·문성원·손영창 옮김(서울: 그린비, 2018), 26. 여기서 레비나스는 중요한 통찰 을 던져 준다. 레비나스는 '부재하는 참된 삶'을 깨닫는 일은 우리의 의식을 일깨우 는 충격적 사건과 문학—이를테면 도스토예프스키의 문학 작품 같은 것—이 만나 는 자리에서 일어난다고 말하고 있다! 많은 경우 이것이 바로 사유와 철학이 시작 되는 계기가 될 것이다.

2 역주: 레비나스는 대화의 첫 번째 물음에 대한 답변에서부터 하이데거에 대한 반 감을 노골적으로 드러낸다. "존재해야만 함"이라는 것은 현존재가 가장 근본적이 면서도 궁극적으로 추구하는 존재방식이다. '인간 현존재가 왜 존재해야만 하는 가?'라는 물음에 하이데거는 그 또는 그녀가 존재해야만 하기 때문이라고 대답 할 것이다. "던져진 존재로서 현존재는 **그 실존 속으로** 던져진 것이다. 현존재는 그가 존재하고 존재할 수 있는 것으로, 존재해야만 하는(*zu sein hat*) 그런 존재 자로 실존한다." Martin Heidegger, *Sein und Zeit* (Tübingen: Max Niemeyer Verlag, 1967), 276. 국역본: 『존재와 시간』, 이기상 옮김(서울: 까치, 1998), 369.

탁월한 책입니다.

네모   그러면 선생님이 처음 만난 위대한 책은 어떤 것인가요? 성
서나 철학자들의 책인가요?

레비나스   저는 매우 어린 나이에 성서를 읽었습니다. 철학 텍스트
와의 첫 만남은, 중등교육 과정에서 어렴풋하게 심리학 개관을 접하
고 '철학 입문'에서 '철학적 관념론' 몇 쪽을 속독한 다음, 대학에 들
어가서야 비로소 이루어졌습니다. 하지만 성서와 철학자들 사이에
는 러시아 고전들―푸쉬킨(Pouchkine), 레르몬토프(Lermontov), 고
골(Gogol), 투르게네프(Tourguéniev), 도스토예프스키(Dostoïevski),
톨스토이(Tolstoï)―과 서유럽의 위대한 작가들, 특히 셰익스피어
(Shakespeare)의 너무나도 감탄스러운 『햄릿』, 『맥베스』, 『리어왕』이
있었습니다. 철학 문제는 인간의 의미에 관한 문제로, 그 유명한 '삶
의 의미'―러시아 소설의 등장인물들이 끊임없이 탐문한 주제―에
관한 탐구로 이해되는데, 이는 철학 학위 프로그램에 기재되어 있는
플라톤과 칸트(Kant)를 읽기 위한 좋은 예비 학습이 아닐까요? 이런
이행 과정을 알아차리는 데는 시간이 좀 걸립니다.

> 레비나스가 보기에 하이데거의 존재는 존재자에게 부과된 무거운 짐과도 같은
> 것이다. 이렇게 일종의 의무와도 같은 존재라는 짐을 부과받은 존재자에게는 참
> 된 자유나 행복, 향유가 가능하지 않다.

네모　성서적 사유와 철학적 사유라는 두 가지 사유 방식이 선생님에게서는 어떤 식으로 조화될 수 있었는지요?

레비나스　그 둘의 조화를 가정해야 할까요? 제가 받아들인 식의 종교적 감성은 규정된 신조(croyance)보다 책들—성서와 고대 랍비들의 사유까지 거슬러 올라가는 전통적인 주해들—에 대한 존중으로 이루어졌습니다. 이는 약화된 종교적 감성이라는 말이 아닙니다. 성서는 책 중의 책으로 거기에는 인간의 삶이 의미를 갖도록 말해지게 **된** 첫 번째 것들이 언급되어 있으며, 또한 그것들이 주석가들에게도 동일한 차원의 심오함을 열어 주는 형태로 언급되어 있다는 감성은 '신성한 것'(sacré)에 대한 의식을 문학적인 판단으로 간단히 대체한 것이 아닙니다. 성서 속 등장인물들의 이례적인 모습, 윤리의 충만함, 주해의 신비한 가능성은 처음부터 저에게 초월을 알려 주었습니다. 분명 그렇습니다. 종교적 삶과 전례와 같은 참신성과 더불어 해석학을 엿보고 느끼는 것은 절대 사소한 일이 아닙니다. 비록 성서 주제들의 구체성이 철학의 지면(紙面)에 직접적으로 반영되어 있지 않더라도, 읽는 행위를 통해 해석이 발생하는 장소인 위대한 철학자들의 텍스트들은 제가 보기에 성서와 대립하기보다 오히려 성서와 가깝습니다. 다만 저는 처음부터 철학이 본질상 무신론적이라는 인상을 받지 않았고, 지금도 철학이 무신론적이라고 생각하지 않습니다. 또 만일 철학에서 문구(le verset)가 더 이상 증명의 위상을 차지할 수 없다면, 문구에 담긴 신(le Dieu du

verset)은 텍스트의 그 모든 신인동형론적 은유에도 불구하고 철학
자들에게 정신의 척도로 남을 수 있습니다.

네모 실제로 사람들은 선생님의 후기 작품을 성서 신학의 핵심과
철학 전통 및 언어를 조화시키려는 하나의 시도로도 해석할 수 있
을 것입니다. 선생님은 두 '서가' 사이의 평화적 공존 그 이상의 어
떤 것이 있어야만 한다고 보십니까?

레비나스 저는 결단코 두 전통의 '조화'나 '일치'를 명시적으로 추
구한 적이 없습니다. 만일 양자가 조화하는 가운데 존속하는 것이
었다면, 그 까닭은 아마 모든 철학적 사유가 철학 이전의 경험에 근
거를 두고 있기 때문일 것이고, 저에게는 성서 읽기가 이러한 근본
경험에 속하기 때문일 것입니다. 따라서 성서 읽기는—대체로 저
도 모르는 사이에—제가 철학적으로 사유하는 방식, 다시 말해 모
든 인간에게 말을 건네는 사유 방식을 형성하는 데 본질적인 역할
을 했습니다. 그런데 제가 성서를 통한 근본 경험에서 종교적 심원
함을 헤아리는 척도는 어떤 예민한 의식(conscience aiguë), 곧 성서
가 말하는 성스러운 이야기(l'Histoire sainte)는 그저 일련의 종결된
사건이 아니고 세계 안에 흩어진 유대인들의 운명과 직접적으로
실제적 관계를 맺는다는 의식이었습니다. 이 오래된 책의 이런저런
지점에 암묵적으로 깔려 있는 독단주의에 관한 모든 지적인 의심

은, 실제 유대인의 역사에서 항상 중대했던 것에서는 그 의미와 효력을 상실합니다. 물론 그 어떤 순간에도 제 눈에 비친 서구 철학의 전통은 마지막 발언의 권리를 잃지 않았습니다. 실제로, 모든 것은 철학의 언어로 표현되어야 합니다. 하지만 철학이 존재 의미의 첫 번째 장소, 의미가 시작하는 장소는 아닌 것 같습니다.

네모 철학의 전통으로 다가가 보도록 하지요. 선생님이 읽은 첫 번째 철학자는 누구입니까?

레비나스 앞서 말씀드렸듯이, 저는 프랑스에서 철학을 공부하기 전에 위대한 러시아 문호들의 작품을 읽었습니다. 특별히 철학 작품과 철학자들에게 진지하게 다가가게 된 것은 스트라스부르에서였습니다. 제가 열여덟 살 되던 해에, 그곳에서 제 머릿속 어디에도 비견할 수 없는 권위로 남아 있는 네 분의 교수님을 만났습니다. 샤를 블롱델(Charles Blondel), 모리스 알박스(Maurice Halwachs), 모리스 프라딘(Maurice Pradines), 앙리 카르트롱(Henri Carteron)이 그분들입니다.[3] 정말 대단한 분들이었지요! 너무나 풍요로웠던 그 시절

---

3   역주: 샤를 블롱델(1876-1939)은 1919년부터 1937년까지 스트라스부르 대학교에 재직하며 학생들을 가르친 물리학자이자 철학자이다. 모리스 알박스(1877-1945)는 뒤르켐의 제자로 스트라스부르 대학교에서 사회학과 교육학을 가르쳤고, 1935년부터는 소르본느 대학교로 적을 옮겨 활동했다. 사회학계에서는 '집단 기억'이란 개념을 발전시킨 인물로 지금까지 크게 인정받는 인물이다. 사회주의

을 떠올릴 때마다 저는 생각에 잠긴 채 소박한 감탄사를 내뱉습니다. 이제까지 제 삶에서 그 시절의 그 무엇도 부정된 적이 없었습니다. 모리스 알박스는 독일이 점령한 시절에 순교자(martyr)로 생을 마감한 분이십니다. 이 대가들과 교제하면서 지적 성실성과 지성의 위대한 덕목뿐만 아니라 프랑스 대학의 명석함과 우아함도 저에게 드러났습니다. 플라톤, 아리스토텔레스(Aristote), 데카르트(Descartes)와 데카르트주의자들, 그리고 칸트라는 위대한 철학자들과 처음으로 만나게 되었습니다. 헤겔은 그 당시 스트라스부르 대학교 문과대학에 아직 당도하지 않은 상태였습니다! 하지만 [선생님들의] 가르침과 학생들의 관심 속에서 제게 특히 살아 숨 쉬고 있는 것처럼 보인 이는 뒤르켐(Durkheim)과 베르그송(Bergson)이었습니다. 우리는 그들을 인용하기도 했고 또 반대하기도 했습니다. 이 철학자들이 우리 선생님들의 선생님이었음은 이론의 여지가 없는 사실입니다.

자였던 알박스는 그의 유대인 양아버지를 체포한 것에 항의하다 게슈타포에 붙잡히게 되고, 독일 부헨발트(Buchenwald) 수용소로 추방되어 수용소에서 세균성 이질에 걸리는 바람에 1945년 3월 16일 종전을 앞둔 시점에 안타깝게 생을 마감한다. 레비나스가 그에게 '순교자'란 표현을 쓴 데는 바로 이런 이유가 있다. 모리스 프라딘(1874-1958)은 감각 철학이라는 주제로 뛰어난 성과를 올린 심리학자이자 철학자이다. 앙리 카르트롱(1891-1929)은 당시 고대 철학의 대가로, 아리스토텔레스의 『자연학』을 프랑스어로 번역했고, 토마스 아퀴나스 철학에도 조예가 깊었다.

네모 선생님은 뒤르켐의 사회학적 사유와 베르그송의 완전히 철학적인 사유를 동일 선상에 놓으시는 것입니까?

레비나스 분명, 뒤르켐은 실증적 사회학(sociologie expérimentale)으로 시작합니다. 그런데 그의 저술은 또한 '이성적 사회학'(sociologie rationnelle)으로 나타납니다. 즉, 사회의 근본 범주들에 대한 상세한 설명이며, 사회적인 것이 개별 심리의 총합으로 환원되지 않는다는 주도적인 개념으로 시작하는, 오늘날 우리가 '사회의 형상'이라고 부르는 것이죠. 사실 뒤르켐은 형이상학자입니다! 그에게는 사회적인 것이 정신적인 것의 질서 자체라는 생각, 동물과 인간의 정신 현상 너머에 있는 새로운 줄거리 구성(intrigue), 그리고 개인의 삶에서 정신의 차원을 열어 주는 활력으로 정의되는 '집단적 표상'이라는 구상이 있었습니다. 바로 그 차원에서만 개인이 인정되고 해방되는 데 이른다는 것이죠. 어떤 점에서는 뒤르켐에게는 '존재의 차원들'에 관한 이론, 이런 차원들이 서로에게로 환원될 수 없다는 환원 불가능성에 대한 이론이 있습니다. 이는 후설(Husserl)과 하이데거(Heidegger)의 맥락에서 오롯한 의미를 얻게 되는 발상입니다.

네모 베르그송도 언급하셨는데요, 선생님이 볼 때 베르그송이 철학에 주로 공헌한 바는 무엇입니까?

레비나스 지속(durée) 이론입니다. 시계로 헤아리는 시간의 우위성을 해체한 것이지요. 다시 말해 물리적 시간이란 단지 파생된 것에 불과하다는 생각입니다. 선형적이고 동질적인 시간으로 환원할 수 없는 지속에 대해 단지 심리학적 우위성이 아니라 어딘가 '존재론적인' 우위성을 긍정하지 않았다면, 하이데거는 분명 베르그송적 시간 개념과 자신의 시간 개념을 가르는 근본적 차이에도 불구하고 **현존재**(*Dasein*)의 유한한 시간성이라는 그의 고유한 개념을 정립해 낼 수 없었을 것입니다. 과학적 시간이라는 널리 알려진 모형으로부터 철학의 시간을 해방한 것은 분명 베르그송의 공로입니다.[4]

---

4 역주: 베르그송의 시간 이론에 대한 이해를 위해 그의 다음 대표 저작에 등장하는 지속 이론에 대한 언급을 들어 보자. Henri Bergson, *Essai sur les données immédiates de la conscience* (Paris: Presses Universitaires de France, 1940). 국역본: 『의식에 직접 주어진 것들에 관한 시론』, 최화 옮김(서울: 아카넷, 2001). 베르그송에 의하면 "과학은 시간과 운동의 본질적이고 질적인 요소—시간으로부터는 지속, 운동으로부터는 운동성—를 제거한다는 조건에서만 그것들에 대해 작업한다. 그 점에 대해서는 천문학과 역학에서 시간, 운동, 속도에 대해 고려한다는 것의 역할이 무엇인지를 고찰해 보면 어렵지 않게 납득할 수 있을 것이다"(86/149). 베르그송의 입장에서 천문학과 역학을 비롯한 과학적 사유는 시간을 양적인 것으로 환원시키기 때문에, 시간 자체가 지닌, 양으로 분할할 수 없는 질적 성격을 전혀 고려할 수 없다. 이런 점에서 시간의 질적 성격을 고려하는 것은 형이상학적 사유이며, 이를 개념으로 벼리어 낸 것이 바로 '지속'이다. "지속은 양으로부터 질의 상태로 되돌아온다. 흘러간 시간의 산술적 평가는 더 이상 이루어지지 않는다"(94/162). 우리는 끊임없이 흐르고 있는 사태의 시간을 경험한다. 이것은 결코 정지된 것이 아니라 끊임없이 운동하는 흐름이다. 다만 우리는 사물들을 접하는 가운데 필요에 따라 그것을 양적으로 규정할 수 있다. 하지만 그 또한 사물이나 사태의 운동의 지속성에 후행하는 일일 뿐이다. "이것을 납득하기 위해서는 갑자기 별똥별이 떨어지는 것을 보았을 때 사람들이 경험하는 것을 생각해 보는 것"(83/144)도 도움이 된다. 별똥별의 운동 자체는 지속하

네모   그렇다면 베르그송을 읽으면서 선생님에게 부합한 것은 더 개인적인 차원에서 어떤 물음과 불안이었습니까?

레비나스   어떤 가능한 새로움도 희망할 미래도 없는 세계, 모든 것이 미리 정해진 세계 안에 존재한다는 두려움이 분명 그러한 것입니다. 운명 앞에 서 있다는 고대의 두려움, 보편적 메커니즘에 대한, 부조리한 운명에 대한 두려움이 그러한 것인데, 왜냐하면 지나갈 일은 어떤 의미에서는 이미 지나갔기 때문입니다! 반대로 베르그송은 시간이라는 고유하면서도 환원 불가능한 실재를 전면에 부각하였습니다. 가장 현대적인 과학이 '새로운 것이라고는 전혀' 없는 세계 안에 우리를 다시금 가두는[5] 것은 아닌지 모르겠습니다. 저는 과학이 최소한 그 고유한 지평의 갱신을 우리에게 확보해 주는 것이라고 생각합니다. 하지만 새로움의 정신, '존재와 다른' 현상으로부터 벗어난 '존재'를 가르쳐 준 이는 베르그송입니다.

네모   선생님은 학업을 마치고 철학으로 어떤 일을 하고 싶으셨나요?

는 운동 그 자체이고, 우리는 그것에 대해 감탄하거나 객관적으로 규정하는 방식으로 그 운동을 후술할 뿐이다. 그러므로 지속에 어울리는 우리의 동시적 반응은 감성적 지각 내지 직관이다. 베르그송에 대한 레비나스의 찬사는 바로 이런 사유의 맥락을 염두에 둔 것이다.

5   역주: 여기서 '가두다'라는 의미의 프랑스어 동사는 parquer인데, 명사 Parques 는 로마 신화에서 운명의 세 여신(그리스 신화의 모이라이)을 가리키는 말이다.

레비나스　저는 분명 '철학으로 일하기'를 원했습니다. 하지만 철학 일은 순수 교육 활동이나 책을 쓰는 허영 거리가 아니더라도 다른 일을 의미할 수도 있지 않겠습니까? 뒤르켐은 경험 학문으로서의 사회학에서 선험적인 것을 공들여 상술했고 자기 학생들이 그런 사회학을 하기를 요구하고 권했는데, 그런 경험 학문으로서의 사회학을 하는 것? 아니면 한 편의 시처럼 완성되었고 완결되었으며 완벽한 베르그송의 작업을 반복하거나, 그 작업의 변형을 제시해 보는 것 말이죠. 그런데 제가 어떤 학설(dogmes) 체계에 갇히지 않으면서도 동시에 혼란스러운 직관을 따르는 위험에 빠지지 않으면서 '철학으로 일하는' 바로 그런 가능성의 구체적인 의미를 발견한 것은 후설을 통해서입니다. 개방성과 방법 체계가 동시에 있다는 인상을 받았습니다. '열을 이탈하지 않으면서' 추진하는 철학적 탐구와 물음의 적합성과 정당성에 대한 감성을 얻은 것이죠. '엄밀한 학문으로서의 철학'(la philosophie comme science rigoureuse)이라는 말로 표현될 수 있는 그의 메시지에 의심의 여지 없이 매혹되었다는 말입니다.[6] 하지만 제가 그의 작품에 사로잡힌 것이 이러한 다소 형

6　역주: 후설에게 '엄밀한 학문(strenge Wissenschaft)'이란 사실적 학문과 대조되는 말이다. 사실적 학문은 대상의 형상이나 이념을 묻지 않은 채로 사실들의 인과관계나 배열에만 초점을 맞춰 대상을 탐구하기 때문에 엄밀한 학문이 아니다. 하지만 현상학은 대상의 현상적 본질에 대한 체험을 기술하기 때문에, 사실의 바탕이 되고, 사실을 정초하는 본질에 대한 학문이기 때문에, 엄밀한 학문으로서의 지위를 갖는다. 후설은, 만일 우리가 본질에 대해 묻지 않고 사실들에만 집착할 경우, 우리는 필연적으로 상대주의와 회의주의에 빠지게 된다고 생각했다. 후설의 다음 책을 참조하라. Edmund Husserl, *Philosophie als strenge Wissenschaft*

식적인 선언 때문은 아니었습니다.

네모　선생님은 어떻게 후설의 작품에 다가서게 되었습니까?

레비나스　순전히 우연한 기회였습니다. 스트라스부르에 젊은 동료 파이퍼 씨(Mille Peiffer)가 있었습니다. 파이퍼 씨와는 나중에 후설의 『데카르트적 성찰』(*Méditations cartésiennes*)을 함께 번역하기도 했죠.[7] 그녀는 후설을 주제로 삼아 당시 고등학위과정 졸업논문으로 불리던 논문을 쓰려고 준비 중이었는데, 그때 그녀가 자신이 읽고 있던 텍스트를 제게 추천해 주었습니다―아마 『논리연구』(*Recherches logiques*)였을 것입니다.[8] 처음에는 매우 어려웠고 안내

(Frankfurt am Main: Klostermann, 1965). 국역본: 『엄밀한 학문으로서의 철학』, 이종훈 옮김(서울: 지만지, 2014).

7　역주: 여기서 파이퍼는 레비나스도 언급했듯이 후설의 『데카르트적 성찰』을 번역한 가브리엘 파이퍼(Gabrielle Peiffer)를 말한다. 이 번역본은 아르망 콜랭(Armand Colin) 출판사에서 1931년에 나왔고, 1947년에 브랭(J. Vrin) 출판사에서 재간행된다. 두 사람이 공역한 이 책은 지금도 브랭 출판사를 통해 출판되고 있으며, 이 작업은 프랑스에 후설 현상학을 안착시키는 데 큰 기여를 한 역사적 사건으로 평가받고 있다. 해당 도서의 후설 전집 및 국역본 서지사항은 다음과 같다. Husserliana 1. *Cartesianische Meditationen und Pariser Vorträge*, ed. Stephan Strasser (Den Haag: Martinus Nijhoff, 1950, rpt. 1973). 국역본: 『데카르트적 성찰』, 이종훈 옮김(서울: 한길사, 2016). 국역본은 원서에서 프랑스어로 번역된 「파리 강연」 원고와 독일어와 프랑스어로 수록된 요약 원고가 빠져 있다.

8　역주: Edmund Husserl, *Logische Untersuchungen. Erster Band. Prolegomena zur reinen Logik*, Husserliana 18, ed. Elmar Holenstein, The Hague: Martinus

자도 없었지만, 꽤 큰 열의와 인내를 가지고 읽어 나갔습니다. 비록 제가 그 방법에 의거하면서도 후설 학파의 모든 가르침을 따르는 것은 아닙니다만, 후설의 핵심 진리는 제 정신에 차츰 강한 인상을 남겼고 오늘날에도 여전히 그 진리를 신뢰하고 있습니다.

우선, 자신을 파악하거나 다시 파악하는 **스스로 숙고하기**(*sich zu besinnen*)의 가능성, 즉 '우리는 어디에 있는가?'라는 현재 위치를 파악하는 물음을 명확히 던질 가능성. 아마도 이것이 가장 넓은 의미에서의 현상학, 많은 소란을 일으킨 **본질직관**(*Wesenschau*) 그 너머의 현상학일 것입니다. 인식에 자연스럽게 부과된 것을 매우 불신하며 어떤 자발성이나 기존의 평범한 현전에 속지 않으면서 자신을 찾고 자신을 기술하는 **코기토**(*cogito*), 곧 자기에 대한 고집스러우면서도 철저한 반성이 세계와 대상을 만들지만, 그것의 대상성(objectivité)[9]이 실제로는 대상을 주시하는 시선을 가리고 가로막습니다. 우리는 언제나―이러한 대상성으로부터―사유와 지향이 향

Nijhoff, 1975. 국역본: 『논리연구 1』, 이종훈 옮김(서울: 민음사, 2018); *Logische Untersuchungen. Zweiter Band. Untersuchungen zur Phänomenologie und Theorie der Erkenntnis*, Husserliana 19: 1-2, ed. Ursula Panzer (The Hague: Martinus Nijhoff, 1984). 국역본: 『논리연구 2-1』, 이종훈 옮김(서울: 민음사, 2018); 『논리연구 2-2』, 이종훈 옮김(서울: 민음사, 2018).

9 역주: objectivité는 후설의 *Gegenständlichkeit*에 대한 번역어로 사용된 것이다. 후설은 이 말을 의식이 지향하는 개별적 대상이나 '종'이나 보편적 '본질' 같은 이념적 대상의 본질을 일컫는 데 사용한다. 간혹 이 말이 객관주의에 상응하는 *Objektivität*(객관성)의 번역어로 사용되기도 하지만(후설은 주관성과 무관하게 제시되는 객관성과 객관주의를 반대한다), 이 맥락에서 레비나스가 지향적 시선에 상관하는 '대상'을 계속 언급하고 있기에 대상성으로 옮긴다.

하고 있는 전체 지평으로 돌아가서, 대상성이 흐려 놓고 망각시킨 사유와 지향으로 거슬러 올라가야 합니다. 현상학은 이렇게 망각된 사유, 이러한 지향, 오롯한 의식을 소환하는 것이며, 세계 안에서의 사유에 함축된—오해된—지향으로 돌아가는 것입니다. 비록 이런 반성을 실질적으로 수행하다가 한계가 나타나더라도, 완전한 반성은 진리에 필수적입니다. 사태(choses) 곁에 선 철학자는 환영(illusion)이나 수사(rhétorique)와 무관하게 그 사태의 참된 위치에서 그 사태의 지위, 그 대상성^{객관성}의 의미, 그 존재의 의미를 명확하게 설명함으로써, '이것은 무엇인가?'라는 인식의 물음만이 아니라 '이것은 어떻게 **존재하며**, 또 무엇을 의미하는가?'라는 물음에 답하는 자입니다.

흐릿해진 사유의 지향을 상기하는 현상학적 작업의 방법은 제가 보기에 모든 철학적 분석에 없어서는 안 되는 몇몇 관념의 시초이기도 합니다. 그것은 의식의 지향성에 관한 중세적 관념에 다음과 같은 새로운 활력을 불어넣었습니다. 즉, 모든 의식은 어떤 것에 대한 의식이며, 그 의식이 '요구하는' 대상을 지시하지 않고서는 기술될 수 없다는 것입니다. 앎은 아니지만 감성이나 열망 안에 있는 지향적 향함은 바로 그 역동성에 있어 '정서적으로' 또는 '능동적으로' [어떤 것을 향함] 자격을 갖추고 있습니다. 이는 이론에 우위를 부여하는 서구 사유에 대해 처음으로 근본적인 이의를 제기한 것인데, 특히 하이데거의 도구에 대한 기술에서 매우 훌륭하게 재개됩니다.[10] 관념이 지향성에 상관적이라는 점도 마찬가지로 현상학의 특징으로, 대상의 본질에 의존하는 것이 본질적으로 대상에 접근하는 의식의 존재 방식입니다. 오직 신만이 대상을 회전시키면서 물질적 사태를 인식할 수 있을 뿐입니다. 존재가 그 존재에의 접근을 지휘합니다. 존재에의 접근은 존재에 대한 기술에 속해 있습니다. 저는 여기에서도 하이데거가 전조되고 있다고 생각합니다.

네모 그렇지만 모든 작업을 윤리학으로서의 형이상학에 집중하신 선생님 같은 분께는, 인간과 인간의 운명보다 세계와 세계의 구성을 특히 자신의 성찰 영역으로 삼은 후설에게서 직접적으로 받아들일 만한 것이 거의 없을 것 같은데요?

레비나스 당신은 제가 이제 막 말하려고 한 후설에게 가치론적 지향성(intentionalite axiologique)이 중요하다는 점을 잊고 있습니다. 가치의 성격은 지식이 변경된 결과로 존재에 결부되는 것이 아니라, 곧바로 인식으로 환원될 수 없다는 의식에 대한 특정한 태도, 즉 비-이론적 지향성이라는 특정한 태도에서 비롯합니다.[11] 후설

---

10   역주: 하이데거의 도구에 대한 현상학적 기술을 이해하기 위해서는 그의 『존재와 시간』에서의 망치를 비롯한 주위 세계의 도구들에 대한 현상학적 분석을 참조하는 것이 좋다. Heidegger, *Sein und Zeit*, §§15-17, 66-83; 『존재와 시간』, 98-119.

11   역주: 가치론적 지향성 내지 비-이론적 태도에 대한 후설의 강조 가운데 중요한 대목 하나는 다음과 같다. "만일 우리가 '가치를 평가함' 내지 '가치를 인정함'

이 그 자신에게 여전히 표상적인 것인 타인과의 관계(relation avec autrui) 및 윤리적 문제에 대해 스스로 말했던 것 너머로 발전될 수 있는 가능성이 바로 거기에 있습니다(비록 메를로-퐁티[Merleau-Ponty]는 이를 다르게 해석하려 했지만 말이죠). 타인과의 관계는 환원할 수 없는 지향성으로 탐구될 수 있습니다. 그런 지향성과의 단절을 보는 것으로 끝나야 하더라도 말이죠.

네모   이것이 바로 선생님의 사유의 길이 되는군요.
  선생님은 후설을 개인적으로 알고 있었습니까?

레비나스   저는 프라이부르크에서 1년 동안 그의 청강생으로 있었습니다. 그는 막 은퇴했지만, 여전히 가르치고 있었거든요. 저는 그에게 가까이 다가갈 수 있었고, 그는 저를 상냥하게 맞아 주었습니

이라는 용어로 감정의 상태, 더구나 우리가 그 속에 사는 감정의 상태를 이해하면, 그것은 전혀 이론적 작용이 아니다. 종종 모호한 방식으로 일어나듯이, 만일 그 용어를 판단에 적합하게 '가치를 인정함'이나 가치에 대해 진술함으로 이해하면, 그것으로 표현되는 것은 이론적 태도가 아니라 감정의 태도이다. 후자의 경우, 즉 순수하게 즐기며 내맡기는 태도에서 생긴 것처럼 가치로서 판정한 예술 작품은 완전히 다른 방식으로 대상이 된다. 즉 그것은 직관된 것이지만, 감각적으로 직관된 것(우리는 지각 작용을 수행하는 방식으로 살지 않는다)일 뿐만 아니라 가치론적으로 직관된 것이다." Edmund Husserl, *Ideen zu einer reinen Phänomenologie und phänomenologischen Philosophie. Zweites Buch. Phänomenologische Untersuchungen zur Konstitution*, Husserliana 4, ed. Marly Biemel (The Hague: Martinus Nijhoff, 1952), 8-9.

다. 당시 그와의 대화는, 학생이 몇 가지 질문이나 대답을 한 다음, 자신의 사유의 근본 요소를 상기하는 데 마음을 쓰는 대가의 독백으로 채워졌습니다. 하지만 그는 또한 때때로 수많은 출간되지 않은 원고들을 언급하면서, 그 당시 간행되지 않은 특수한 현상학적 분석을 파고들었습니다. 고인이 된 저의 각별한 친구인 판 브레다 신부(Père Van Breda)가 조성하고 관리한 루뱅의 **후설 문서보관소** (*Archives Husserl* de Louvain)에서는 여러 미간행 원고를 읽을 수 있고 접근할 수 있습니다.[12] 제가 수강한 과목은 1928년 개설된 현상학적 심리학 개념에 관한 강의, 1928-1929년 겨울에 열린 상호주관성의 구성에 관한 강의였습니다.[13]

---

12 역주: 유네스코 등재유산이기도 한 후설 문서보관소는 지금도 후설의 수고를 해독하여 〈후설 전집〉을 지속적으로 편찬하고 있다. 원래 프랑스어권이었다가 지금은 네덜란드어를 공용어로 쓰는 루븐/루뱅의 루뱅 대학교(KU Leuven/Louvan)에 소재한 본 연구소의 네덜란드어 공식 명칭은 Husserl-Archief Leuven이다. 이 기관의 설립자는 다름 아닌 레비나스도 언급하고 있는 프란치스코 수도회 출신 신부이자 철학자인 헤르만 레오 판 브레다(Herman Leo Van Breda) 신부다. 판 브레다 신부는 마침 1938년 자신의 박사학위논문 작성을 준비하기 위해 프라이부르크에 체류 중이었는데, 독일 나치 정부에 의해 후설의 수고(手稿) 유산이 폐기될 것을 우려한 나머지 후설의 아내인 말빈 여사를 설득하여 1938년 4만 장이 넘는 수고를 벨기에로 들여오는 데 성공한다. 이후 그는 루뱅 대학교와 벨기에 정부의 지지와 후원을 받아 내 이 문서보관소를 설립한다.

13 역주: 레비나스가 말한 후설의 상호주관성 강의는 후설 전집 14-15권으로 출간되었다. Edmund Husserl, *Zur Phänomenologie der Intersubjektivität. Texte aus dem Nachlass. Zweiter Teil: 1921-1928*, Husserliana 14, ed. Iso Kern (The Hague: Martinus Nijhoff, 1973); *Zur Phänomenologie der Intersubjektivität. Texte aus dem Nachlass. Zweiter Teil: 1921-1928*, Husserliana 14, ed. Iso Kern (The Hague: Martinus Nijhoff, 1973).

2. 하이데거

네모 선생님이 후설의 가르침을 따르기 위해 프라이부르크에 갔을 때, 그 전에는 몰랐던 인물이지만 선생님 사유의 발전에 매우 중요한 역할을 한 마르틴 하이데거(Martin Heidegger)라는 철학자가 그곳에 있다는 사실을 발견하셨습니다.

레비나스 사실 저는 제 주변 사람들이 읽고 있었던 『존재와 시간』 (*Sein und Zeit*)[1]을 발견했습니다. 저는 이 책에 대해 일찍부터 크게 경탄하고 있었지요. 이 책은 철학사에서 가장 아름다운 책 가운데 하나입니다 — 저는 몇 년 간의 숙고를 거쳐 이 말을 하고 있습니다.

---

1 *L'Être et le Temps*.
　　역주: 이 인터뷰 당시까지 대체로 널리 읽히던 『존재와 시간』의 프랑스어 번역본은 다음과 같다. *L'Être et le Temps*, trad. Rudolf Boehm et Alphonse de Waelhens (Paris: Gallimard, 1964). 국역본 서지 정보는 1장 각주2 참조.

이 책은 가장 아름다운 네다섯 권의 책 중 하나…

네모 어떤 책들을 말씀하시는지요?

레비나스 이를테면 플라톤의 『파이드로스』, 칸트의 『순수이성비판』(*Critique de la Raison pure*), 헤겔의 『정신현상학』(*Phenomenologie de l'Esprit*), 또한 베르그송의 『의식에 직접 주어진 것들에 관한 시론』(*Essai sur les données immédiates de la conscience*)이 있습니다.[2] 하이데거에 대한 저의 경탄은 무엇보다 『존재와 시간』에 대한 경탄입니다. 저는 1933년을 상상할 수 없었던 시절,[3] 그러니까 이 책을 읽었던 때의 분위기를 항상 되살려 보려고 합니다.

사람들은 존재(être)라는 단어가 대표적인 동사임에도 불구하고 상습적으로 마치 명사(substantif)인 것처럼 말하곤 합니다. 프랑스어에서는 [관사를 붙여서] 그 존재 또는 어느 존재라는 말을 사용합니다. 하이데거와 함께 존재라는 말에서 '동사성', 그 말 안에서 사건인 것, 존재의 '일어남'이 되살아났습니다. 마치 사물과 모든 것이 '존

---

2 역주: 다행스럽게도 레비나스가 언급한 이 책들은 모두 우리말로 읽을 수 있다. 『파이드로스』, 김주일 옮김(서울: 이제이북스, 2012); 『순수이성비판 1·2』, 백종현 옮김(서울: 아카넷, 2006); 『정신현상학 1·2』, 임석진 옮김(파주: 한길사, 2005); 『의식에 직접 주어진 것들에 관한 시론』, 최화 옮김(서울: 아카넷, 2001).

3 역주: 1933년은 하이데거가 나치에 입당하고, 프라이부르크 대학교 총장 직위에 오른 해이다.

재에 관한 어떤 양식으로 몰리게' 되는 것처럼, '존재의 직무를 얻게' 되는 것처럼 말이죠. 하이데거가 우리를 길들인 것이 바로 이러한 동사의 울림입니다. 비록 이것이 오늘날에는 평범해 보인다고 해도 우리의 청각을 재교육시켰다는 점이 망각될 수는 없습니다. 이렇게 철학은 —비록 이를 깨닫지 못했던 때에도—동사로서의 존재의 의미에 대한 물음에 답하려는 시도였는지도 모릅니다. 후설이 철학에서 여전히 초월적인 기획을 제안했던 —혹은 제안했던 것으로 보이는—반면, 하이데거는 '기초 존재론'(ontologie fondamentale)으로서의 다른 인식 방식들과 관련하여 철학을 분명하게 정의했습니다.

네모　이 맥락에서 존재론이란 무엇입니까?

레비나스　그것은 바로 동사 '존재하다/존재'(être)에 대한 이해입니다. 이 존재론은 존재하는 것, 존재들(êtres), 다시 말해 '존재자들'(étants), 존재자들의 본성, 존재자들의 관계를 탐구하는 모든 분야와 구별됩니다 —이렇게 존재자들에 대해 말하면서 존재라는 말의 의미가 설명되지 않은 채로 이해되어 왔다는 점을 망각하고 있습니다. 이 분야들은 이러한 해명에 별다른 관심을 두지 않습니다.

네모　1927년에 『존재와 시간』이 출간됩니다. 이 책에서 철학의 과제를 제시하는 방식이 당시에는 절대적으로 새로웠습니까?

레비나스   그런 새로움이 여하튼 제가 그 책에 대해 간직해 온 인상입니다. 확실히 철학사에서, 돌이켜 볼 때 오늘날의 위대한 혁신을 예고하는 것으로 보이는 경향들은 사후적으로 재발견됩니다. 하지만 이런 경향들은 적어도 이전에는 없던 무언가를 주제화하는 데 있습니다. 천재를 요구하고 새로운 언어를 제공하는 그런 주제화 말이죠.

제가 존재의 **성질**보다 **지위**에 관한 물음, 곧 존재의 존재론적 문제를 포착하여 후설 철학을 진술하려 했었다는 점에서, 후설 현상학에서 '직관 이론'에 대해 연구한 작품은 『존재와 시간』의 영향을 받은 것입니다.[4] 저는 현상학적 분석이 의식에서의 내실적인(réel)[5]

---

4   역주: 이 작품은 레비나스의 박사학위논문으로서 1930년에 알캉(Alcan) 출판사에서 처음 출간되었고, 이후 브랭 출판사에서 계속 간행하고 있다. Emmanuel Levinas, *Théorie de l'intuition dans la phénoménologie de Husserl* (Paris: J. Vrin, 8ᵉ tirage, 2000). 국역본: 『후설 현상학에서의 직관 이론』, 김동규 옮김(서울: 그린비, 2014).

5   역주: 여기서 프랑스어 réel은 독일어 reelle을 번역한 것으로, 우리말로는 보통 현상학적 맥락에서 '내실적'으로 번역한다. 이것은 흔히 실재적(real)이라고 하는 용어와 구별시키기 위해 후설이 도입한 것으로서, 단적으로 우리 바깥에 '실재하는' 것을 가리키기보다 의식의 지향적 체험을 구성하는 요소를 가리키기 위한 말로 사용된다. 즉, 현상학적 의식은 의식과 분리되어 실재하는 대상이 아닌 의식과 상관하는 것들에 대한 일련의 체험의 흐름들을 의식하고 있다는 점에서 지속으로 주어지는 체험 계기들을 갖는데, 이때의 지향적 의식 체험의 부분들을 '실재적인' 것이 아닌 '내실적인' 것이라고 부른다. 후설의 말을 들어 보자. "'내용'이라는 말의 통상적인 의미는 상대적이며, 그것은 아주 일반적으로 그에 속

구성을 탐구하면서 다양한 인식 영역에서의 '존재자'의 존재 의미를 [그 자체로] 묻지 않는다는 관념론적 의미로, 그것이 초월적 조건들을 탐구하는 데 그렇게 깊이 몰두하지 않는다고 말했습니다.

『존재와 시간』의 불안, 염려, 죽음을 향한 존재에 대한 분석에서, 우리는 현상학의 가장 유력한 실천을 목격합니다. 이 실천은 극도로 화려하면서도 설득력이 있습니다. 그것은 인간의—본성이 아니라—존재 내지 실존함을 기술하고자 합니다. 사람들이 실존주의(existentialisme)라고 부르는 것은 분명 『존재와 시간』으로 말미암아 규정된 것인데, 하이데거는 혹자들이 그 책에 부여한 이런 실존주의라는 의미를 달갑게 여기지 않았습니다. 그는 기초 존재론의 장소(lieu)로서만 인간 실존에 대한 관심을 보였을 뿐입니다. 하지만이 책에서 행해진 실존 분석은 나중에 '실존주의'로 불리게 된 분석을 각인해 주고 규정해 주었습니다.

한 부분들의 총체 속에 그 자신의 내용을 지닌 하나의 포괄하는 통일체를 지시한다. 어떤 전체에서 부분으로 파악될 수 있고, 전체를 참으로 '내실적으로 구성하는'(reele konstituiert) 것은 모두 전체의 내용에 속한다. 우리의 현재 내용에 대한 기술적-심리학적 담론에서, 무언의 가정된 관계적 초점, 즉 상응하는 전체는 의식의 내실적 통일체이다. 그 의식 통일체의 내용은 제시된 '체험'의 총체이며, 이때 우리는 그 복수 형태의 내용으로 이 체험 자체, 즉 내실적 부분으로서 그때그때 현상학적 의식의 흐름을 구성하는 모든 것을 이해한다." Husserl, *Logische Untersuchungen. Zweiter Band. Untersuchungen zur Phänomenologie und Theorie der Erkenntnis*, Husserliana 19-1, 362; 『논리 연구 2-1』, 427-428.

네모   그럼 선생님이 특별히 하이데거의 현상학적 방법에서 강하게 인상을 받은 점은 무엇인지요?

레비나스   스스로 존재하도록 활력을 불어넣는 지향성과, 하이데거 현상학 이전에는 '맹목적인 것'으로, '단순한 내용들'로 통용되었던 일련의 '마음 상태' 전체입니다. 이를테면, **정서적으로 처해있음**(affectivité; *Befindlichkeit*),⁶ 불안에 대한 대목들입니다. 평범한 연구에서는 불안이 원인이 없는 정서적 변화, 더 정확하게는 '대상이 없는' 것으로 등장했습니다. 그러던 중에 하이데거의 분석에서 바로 대상 없이 존재한다는 사실이 진정으로 중요한 것으로 드러납니다. 불안은 무(néant)에 대한 진실하고 적절한 접근이었을 텐데도 철학자들에게 파생된 개념, 부정의 결과로 보였을 수도 있습니다. 아마 베르그송의 환영(illusoire)처럼 말이죠.⁷ 하이데거가 보기에, 우리는 일련의 이론적인 전개 과정을 따라 무에 '접근하는' 것이 아니라 불

6   역주: 우리말로 종종 '처해있음'으로 번역되는 *Befindlichkeit*는 세계-내-존재로서의 인간 현존재의 고유한 실존론적 구조를 일컫는다. 하이데거는 이해와 더불어 처해있음을 이해와 똑같이 근원적인 구조라고 규정한다. 다만 '처해있음'이라는 번역어는 *Befindlichkeit*(affectivité는 *Befindlichkeit*의 프랑스어 번역어다)가 가진 정서적으로 기분이 잡혀 있다는 의미는 담아내지 못한다. 현존재는 일상적으로나 비일상적으로 어떤 기분에 사로잡힌 채로 세계의 '거기에' 처해 있으면서 그렇게 처해 있는 자신의 주위 세계를 이해하기 위해 자신을 기획하고 세계-내로 투사한다. 이처럼 *Befindlichkeit*(affectivité)는 정서적으로 다소간 수동적으로 기분이 잡힌 채로 특정한 상황 속에 들어서 있다는 것을 의미한다.

7   역주: 실제로 베르그송에게 '무'는 인간이 주관적으로 자신의 기대나 소망을 투영시켜 만들어 낸 환영 같은 것으로 간주된다.

안 속에서 직접적이고 환원 불가능한 방식으로 접근하는 것입니다. 실존 자체는, 마치 지향성의 결과로 비롯된 것처럼, 의미에 의해서, 무의 원래적인 존재론적 의미에 의해서 활력을 띠게 됩니다. 그것은 인간의 운명에 **대해**, 또는 인간의 원인에 **대해**, 또는 인간의 목적에 **대해** 알 수 있는 것으로부터 유래하지 않습니다. 실존은 바로 그 실존의 실존 사건 안에서, 불안 속에서, 무에서 나타납니다. 마치 존재하다라는 동사가 직접 보어를 취한다는 듯이 말이죠.

『존재와 시간』은 다름 아닌 존재론의 모형으로 남아 있습니다. 유한성, 현존재, 죽음을 향한 존재 등 하이데거의 개념들은 기초적인 것으로 남아 있습니다. 비록 이러한 사유의 엄밀한 체계로부터 자유로워진다 해도, 『존재와 시간』 고유의 분석 양식에서 비롯된, '실존론적 분석'이 지시하는 '기본 요지'에서 비롯된 흔적은 남을 것입니다. 저는 제가 『존재와 시간』에 보내는 경의가 이 위대한 철학자의 열정적 신봉자들에게는 약해 보일 것이라는 점을 잘 알고 있습니다. 하지만 하이데거의 후기 작품은 저에게 『존재와 시간』에 필적할 만한 인상을 주지 못했고, 저는 후기 작품이 가치 있는 것은 『존재와 시간』 때문이라 생각합니다. 후기 작품이 무의미한 것은 아니지만, 설득력이 훨씬 떨어집니다. 제가 『존재와 시간』 이후 수년에 걸친 하이데거의 정치 참여 때문에 이렇게 말하는 것은 아닙니다. 비록 제가 그 정치 참여를 결코 잊지 않았으며, 또 국가 사회주의에 참여한 것에 대한 하이데거의 무고함도 제가 보기에 전혀 밝혀지지 않았지만 말입니다.

네모 후기 하이데거 철학이 어떤 점에서 선생님을 실망시켰는지요?

레비나스 아마도 엄밀한 의미에서 현상학이 사라졌기 때문입니다. 우선 횔덜린(Hölderlin)의 시에 대한 주해와 어원 연구가 그의 [후기] 분석을 차지하기 시작했기 때문입니다.[8] 물론 저는 그의 사유에 어원 연구가 우연이 있는 게 아니라는 점을 잘 알고 있습니다. 그에게 언어란 지혜를 담아내는 것이고, 이는 꼭 해명되어야만 합니다. 하지만 이러한 사유 방식은 저에게 『존재와 시간』의 사유 방식보다 훨씬 검증되기 어려워 보입니다―『존재와 시간』에서 이미 어원 연구가 나오는 것은 사실이지만 부차적이며, 엄밀한 의미에서의 분석과 실존 현상학에서 매우 굳건히 다져 놓은 것을 보충할 뿐입니다.

네모 선생님에게는 언어가 이러한 근원적 중요성을 안 갖습니까?

레비나스 사실 저에게 **말해진 것**(le *dit*)은 **말함**(le *dire*) 자체만큼 중요하지 않습니다. 후자에서 정보를 이루는 내용은 대화 상대에게

---

8 역주: 대표적으로 다음과 같은 작품이 있다. Martin Heidegger, *Erläuterungen zu Hölderlins Dichtung* (1935-68), Gesamtausgabe 4 (Frankfurt am Main: Vittorio Klostermann, 1981). 국역본: 『횔덜린 시의 해명』, 신상희 옮김(서울: 아카넷, 2009).

말을 건넨다는 사실보다는 저에게 덜 중요합니다. 하지만 우리는 이에 대해 다시 이야기해야 합니다. 저는 저의 [하이데거에 대한] 이런 유보적 입장에도 불구하고, 20세기에 철학을 하겠다고 나선 사람이라면 하이데거의 철학에서 벗어나기 위해서라도 그의 철학을 거쳐 가지 않을 수 없다고 생각합니다. 이 사상은 우리 시대의 위대한 사건입니다. 하이데거를 알지 못한 채 철학한다는 것은 후설적 의미의 '소박함'(naiveté)을 어느 정도 안고 있을 수 있다는 것입니다. 후설에게는, 매우 존중할 만하며 확실한 지식, 학적 지식이 있더라도, 그 대상에 정신을 몰두한 나머지 대상성^{객관성}의 지위에 대한 문제에 무관심하다면 '소박한' 것입니다.

네모   사르트르는 마르크스주의에 대하여 우리 시대의 넘을 수 없는 지평이라고 말했는데, 다른 모든 조건이 같다면 당신은 하이데거에 대해 이렇게 말하겠습니까?

레비나스   마르크스에 대해서도 제가 용인할 수 없는 많은 것들이 있는데···[9] 하이데거에 관해서라면, 기초 존재론과 그 존재론의 문

9   역주: 이 말을 두고 레비나스가 마르크스주의를 전적으로 부정했다고 볼 필요는 없다. 레비나스는 초기부터 후기까지 부르주아의 존재 방식에 대해 비판적이었으며, 마르크스주의가 타인에게 무엇인가를 주기를 의무로 삼는 철학이라는 점과 마르크스의 영향을 받은 해방 신학에 대해 찬사를 아끼지 않았다. 여기서 레비나스가 마르크스가 아니라 마르크스주의라고 말한 점에 주목할 필요가 있다.

제를 사실상 무시할 수 없습니다.

네모   오늘날에는 확실히 교조적인 하이데거주의자들이 있는데…

레비나스   그런 이들은 사유의 궁극적 준거점을 찾기 위한 여정의 우여곡절을 쓱싹한 이들이 아닐지.

하이데거 사유의 또 다른 중요한 기여를 더욱 강조해야겠습니다. 그것은 바로 철학사를 읽는 새로운 방식입니다. 이미 헤겔이 과거의 철학자들을 의고주의(archaïsme)로부터 구하긴 했습니다. 하지만 그들은 계기로서, 또는 거쳐 가는 단계로서 '절대 사유'의 일부

왜냐하면 레비나스는 스탈린주의와 같은 전체주의화된 마르크스주의에 대해서는 일관적으로 비판적 입장을 견지했기 때문이다. 레비나스는 마르크스주의에 대해 다음과 같은 중요한 언급을 했다. "마르크스주의에는 타자에 대한 인정(reconnaissance)이 있습니다. 분명 마르크스주의는 이렇게 말하는 것으로 나타납니다. 타자가 자기 자신을 위해 자기에게 당연한 것을 요구한다면 우리가 타자를 구제할 수 있다고 말입니다. 마르크스주의는 타자에게 주는 것이 나의 의무라는 것을 요구하도록 인류에게 권유합니다. 마르크스주의가 나와 타자들 사이에 대한 저의 근본적 구별과 조금 다를 수 있지만, 그렇다고 그것 때문에 마르크스주의가 비난받을 수는 없습니다. 마르크스주의가 매우 성공적으로 이루질 것이기 때문이 아니라, 타자를 중요시했기 때문입니다. … 실천에서 변해 버린 것에 대해 말하자면 … 저에게 20세기 역사에서 가장 큰 기만 가운데 하나는 그 같은 운동이 스탈린주의를 낳았다는 것입니다. 그것이 한계입니다!" Emmanuel Levinas, *Entre nous: Essais sur le penser-à-l'autre* (Paris: Éditions Grasser & Fasquell, 1991), 137-138. 국역본: 『우리 사이: 타자 사유에 관한 에세이』, 김성호 옮김(서울: 그린비, 2019), 186-187.

가 되었습니다. 그러한 것들은 지양된 것(*aufgehoben*), 다시 말해 완전히 폐기되면서 동시에 보존된 것입니다. 하이데거에게는 철학자들과 대화하고 위대한 고전들로부터 완전히 현재적인 가르침을 요청하는 직접적이고 새로운 방식이 있습니다. 물론 과거의 철학자가 바로 대화에 참여하는 것은 아닙니다. 그것을 현재적인 것으로 만들기 위해서는 온갖 해석 작업이 수행되어야 합니다. 하지만 이 해석이 낡은 것들을 조작하는 것은 아닙니다. 생각하지 못한 것을 사유와 말하기로 다시 가져오는 것입니다.

3. '그저 있음'

네모　선생님은 후설과 하이데거에 대한 논문과 저술을 출간했다는 점에서 처음에는 철학사가, 또는 다른 철학자들에 대한 분석가였습니다. 그런데 선생님이 선생님 자신의 고유한 사유를 표현한 첫 번째 책은 『존재에서 존재자로』¹라는 제목을 단 작은 책이었습

1　역주: Emmanuel Levinas, *De l'existence a l'existant* (Paris: J. Vrin, 5e tirage, 2004). 초판은 1947년 출간. 국역본: 『존재에서 존재자로』, 서동욱 옮김(서울: 민음사, 2003). 제목과 관련해서 유의할 부분이 있다. existence와 existant을 각각 실존과 실존자로 번역할 수도 있기 때문이다. 하지만 레비나스는 여기에 실존주의적 함의를 부여하지 않고, 어감상의 이유로 하이데거의 *Sein*과 *Seiendes*를 그렇게 번역하는 것이 더 좋다고 생각할 뿐이다. "하이데거의 **존재**와 **존재자**(*Sein et Seiendes*, être et étant) 사이의 구별을 여러분은 잘 알고 있을 것이다. 나는 앞에서 이 구별을 사용했다. 하지만 나는 어감 때문에 **존재**(*exister*)와 **존재자**(*existant*)란 말을 쓰고자 한다. 이 용어에는 실존주의적 의미가 전혀 없다. 하이데거는 주체들과 대상들—존재하는 존재들, 존재자들—을 존재의 작업 자체로부터 구별해 낸다. 앞의 것은 명사나 명사화된 분사로 번역되고 뒤의 것은 동사로 번역된다." Emmanuel Levinas, *Le Temps et l'Autre* (Montpellier: Fata Morgana, 1979), 24. 국역본: 『시간과 타자』, 강영안 옮김(서울: 문예출판사, 1996), 38.

니다. 선생님은 전쟁 중에 포로수용소에서 그 책을 썼다고 서문에서 말씀하셨는데요. 그 책의 주제는 무엇입니까?

레비나스　그 책은 제가 '그저 있음'(il y a)이라고 부른 것에 대해 이야기합니다. 아폴리네르(Apollinaire)가 그전에 『있음』(*Il y a*)이란 제목의 작품을 쓴 줄은 몰랐습니다.[2] 하지만 그에게 이 표현은 하이데거의 'es gibt'[그것이 있다]와 다소 비슷하게, 존재하는 것의 기쁨, 풍요를 의미합니다. 반면 저에게 '그저 있음'은 비인칭적인 존재 현상, 즉 [비인칭 대명사] '그것'(il)입니다. 이 주제에 대한 저의 숙고는 어린 시절 기억에서 비롯합니다. 사람들은 홀로 잠들고, 어른이 된 이들은 삶을 계속해 나갑니다. 아이는 자기 침대에서 '살랑거리는 소리' 같은 정적을 느낍니다.

네모　살랑거리는 소리의 정적이요?

레비나스　텅 빈 소라 껍데기를 귀에 가까이 댈 때 들리는 소리와 비슷합니다. 텅 빈 것이 꽉 차 있는 것처럼 느껴지고, 정적이 소음처럼 들리는 것이죠. 아무것도 없는데도 '그저 있다'는 사실을 부정할 수 없다고 생각될 때 느낄 수 있는 그런 것입니다. 이것이나 저

2　역주: 여기서 레비나스가 언급한 작가는 프랑스 시인 기욤 아폴리네르(Guillaume Apollinaire, 1880-1919)이다. 『있음』은 1915년에 발표되었다.

것이 있다는 말이 아닙니다. 다만 바로 존재의 장면이 열리는 것이고, 이것이 그저 있음입니다. 상상해 볼 수 있는 절대 텅 빔 속에, 창조 이전에—그저 있습니다.

네모 선생님은 '그저 있음'의 독일어 표현인 'es gibt'와, 이 'es gibt'에 줌을 의미하는 geben 동사가 있다는 점에 착안하여 하이데거가 이를 시혜(générosité)로 분석한 것을 언급하셨는데요.[3] 그에 반해 선생님에게는 '그저 있음'에 시혜 같은 것이 없습니까?

레비나스 저는 실제로 '비 온다'(il pleut)나 '어둡다'(il fait nuit)와 같이 '그저 있음'의 비인칭성을 주장하는 것입니다. 그리고 거기에는 기쁨도 풍요도 없습니다. 그것은 이러한 소음에 대한 모든 부정 이후에 되돌아오는 소음입니다. 무(néant)도 아니고 존재도 아니지요. 저는 가끔 배제되는 제삼자(tiers exclu)[4]라는 표현을 사용합니다. 지

---

3   역주: Es gibt를 문자 그대로 번역하면 '있다' 또는 '거기 있다', '그것이 있다' 정도가 될 것이다. 그런데 하이데거는 gibt가 '주다'를 의미하는 geben의 3인칭 단수형이라는 점에 착안하여, 존재가 현존재에게 주어지는 익명적 사건의 가능성을 부각한다. 존재는 우리에게 진리이자 선이므로 이것은 마치 선물처럼 주어진다. 그러나 레비나스는 여기서 Es의 비인칭성에 주목하여 '그저 있음'(il y a)이라는 자신만의 사유를 펼친다.

4   역주: 배중률(principe du tiers exclu)에 의해 배척되는 부분. 예를 들어 A=B가 참일 수도 있고 A≠B가 참일 수도 있으나 'A=B와 A≠B가 동시에 거짓'임은 허용될 수 없을 때, 'A=B와 A≠B가 동시에 거짓'이라는 주장은 배제되는 제삼자이다.

속되는 이러한 '그저 있음'에 대해서, 그것을 존재 사건이라고 말할 수는 없습니다. 비록 아무것도 없다고 해도 그것을 무라고 말할 수도 없습니다. 『존재에서 존재자로』는 이 공포스러운 것을 기술하려는 시도이며, 더 나아가 그런 것을 공포와 공황으로 기술합니다.

네모 잠자리에 누워서 밤이 지속됨을 느끼는 어린아이가 공포를 경험한다는 것은…

레비나스 그런데 그것은 불안이 아닙니다. 그 책은 제가 "여기에 불안에 관한 물음은 없다"라고 쓴 띠를 두르고 나왔습니다. 1947년 파리에서 사람들은 불안에 대해 많이 말하기 시작했습니다…. 다른 경험들, 그러니까 모두 '그저 있음'에 가까운 경험들이 이 책에 기술되어 있는데, 특히 불면(insomnie)에 대해 기술되어 있습니다. 불면 중에, 잠들지 못한 '나'(Je)가 있다고 혹자는 말할 수 있고 또 혹자는 말할 수 없습니다. 잠들지 못하는 상태에서 벗어나는 일의 불가능성은 나의 주도권과는 무관한 어떤 '객관적인' 것입니다. 이 비인칭성이 나의 의식을 흡수합니다. 말하자면 그 의식은 탈인칭화됩니다. 내가 밤을 새우는 것이 아닙니다. '무언가'(ça)가 밤을 새우고 있습니다.[5] 어쩌면 죽음은 '음악이 끝나는'(그런데 우리가 전혀 알

---

5   역주: « ça › veille. 여기서 'ça'는 비인칭 주어 또는 형식 주어로 밤새우는 주체가 없다는 의미이다.

지 못하는) 절대적 부정일지 모릅니다. 하지만 '그저 있음'이라는 불안하게 만드는 경험에서, 우리는 그 경험을 벗어나지 못하는, '음악을 멈추게' 하지 못하는 총체적 불가능성이라는 인상을 받습니다.

이것은 제가 모리스 블랑쇼(Maurice Blanchot)에게서 발견한 주제입니다. 비록 그가 '그저 있음'이 아니라 '중립적인 것' 내지 '바깥'에 대해 말하긴 했지만 말입니다. 그는 굉장히 암시적인 표현을 많이 사용했습니다. 그는 존재의 '소요'(remue-ménage), 그 '웅성거림'(rumeur), 그 '중얼거림'(murmure)에 대해 말합니다. 벽 뒤로 '웅성거림이 멈추지 않는' 어느 호텔 방에서의 밤, '그들이 옆방에서 무엇을 하고 있는지 알지 못합니다.' 이것이 '그저 있음'에 매우 가까운 것입니다. 그것은 이제 '마음 상태'에 관한 문제가 아니라, 대상화하는 의식의 종말, 심리적인 것의 전복에 관한 문제입니다. 이것이 아마 블랑쇼 소설과 이야기의 진짜 주제일지도 모릅니다.

네모   블랑쇼의 작품에는 심리학이나 사회학이 없지만 존재론은 있다는 말씀인가요? 무섭든 아니든 이러한 '그저 있음'에서 활동하고 있는 것이 존재이기 때문에 그런 건가요?

레비나스   블랑쇼에게 이것은 더 이상 존재가 아니며, '어떤 것'도 아니고, 또한 무언가를 말한 것도 철회해야 합니다 — 그것은 존재도 무도 아닌 사건입니다. 블랑쇼는 자신의 마지막 책[6]에서 이를

'재앙'(désastre)이라고 부르는데, 이는 죽음을 뜻하지도 불행을 뜻하지도 않습니다. 존재의 고정성으로부터, 어떤 별과의 관련으로부터, 모든 우주적 존재로부터 분리되었을 한 존재로서 재-앙(désastre)을 뜻합니다.[7] 그는 재앙이라는 명사에 동사에 가까운 의미를 부여합니다. 이런 광폭하고 강박적인 상황에서 벗어나는 것이 그에게 불가능해 보인 것 같습니다. 우리가 지금 이야기하고 있는 1947년에 나온 작은 책에서는, 이어서 1948년에 『시간과 타자』라는 제목으로 나온 책에서처럼, 제가 오늘날에도 여전히 고수하는 생각들이 추구되고 있습니다. 결말이라기보다 여정의 흔적인 여러 직관이 등장합니다. 요건으로서 제시되는 것은 '그저 있음'으로부터 벗어나기를, 비-의미로부터 벗어나기를 시도하는 것입니다.

---

6 Maurice Blanchot, *L'Ecruture du désastre* (Paris: Gallimard, 1981). 국역본: 『카오스의 글쓰기』, 박준상 옮김(서울: 그린비, 2012).

7 역주: 블랑쇼는 재앙을 인간 주체로서의 자기의 바깥, 존재의 바깥을 향하게 하는 것이라고 본다. 이처럼 안정성에서 벗어나게 만드는 바깥으로부터 우리는 새로운 사유를 하게 된다. 이런 점에서 재앙은 사유다. "재앙이 사유인 차원에서, 그것은 재앙이 아닌 사유, 바깥의 사유이다. 우리는 바깥에 접근할 수 없지만, 바깥이 갑자기 우리에게 떨어지면서 언제나 머리를 이미 치고 지나갔던 것이다." 레비나스는 블랑쇼가 이를 안정된 우주, 세상으로부터 떨어져 나간다는 의미에서 재-앙(dés-astre: 별/천체[astre]와 떨어짐[dés])이란 말을 쓰고 있다. "만일 천체(*l'astre*)와의 결별이 어떤 사건처럼 실현될 수만 있다면, 만일 우리가 자신의 멍든 공간으로 인해 유발되는 폭력에 의해서라고 할지라도 코스모스의 질서(세계)로부터 … 빠져나올 수만 있다면, 연기된 채 임박해 오는 재앙의 사유(pensée du désastre)가, 우리가 우리 자신을 오직 다시 붙들게 만드는 어떤 경험을 … 발견하는 가운데 주어질지도 모른다." Blanchot, *L'Ecruture du désastre*, 16, 92; 『카오스의 글쓰기』, 31, 106-107. 이 책의 역자는 désastre를 재앙이 아닌 카오스로 옮겼다.

『존재에서 존재자로』에서 저는 동사적 의미로 취해지는 존재의 다른 양태들을 분석했습니다. 피로, 무기력, 수고가 그것입니다. 저는 이러한 현상들을 통해 존재 앞에서의 두려움, 무력한 물러섬, 탈출, 그리고 결과적으로 여전히 거기에 있는 '그저 있음'의 그림자를 보여 주었습니다.

네모 그러면 선생님이 제안한 '해결책'은 무엇이었나요?

레비나스 저의 첫 번째 생각은 아마 어떤 '존재자'가, 손가락으로 가리킬 수 있는 '무언가'가, 존재 속에서 두렵게 하는 '그저 있음'을 다스리는 것에 해당한다는 생각이었습니다. 그래서 저는 '그저 있음'의 공포 속을 비추는 여명과도 같은, 태양이 떠오르는 순간, 사물들이 스스로에게 드러나는 순간, 사물들이 '그저 있음'으로 인해 전달되는 것이 아니라 '그저 있음'을 지배하는 순간과도 같은, 규정된 존재자 내지 현존자(l'étant ou de l'existant déterminé)에 관해 말했습니다. 우리는 저 탁자가 있다, 사물이 있다고 말하지 않습니까? 그런 다음 우리는 존재자에 존재를 연결하고, 자기가 소유하는 존재자들을 이미 지배하고 있습니다. 이와 같이 저는 존재자들의 '홀로서기'(hypostage)[8]에 대해서, 즉 **존재로부터 무언가로**의 이행에 대

---

8   역주: 여기서 '홀로서기'로 번역한 hypostage는 다른 레비나스 저서의 한국어 번역본에서는 '자기정립'으로 번역되기도 한다. 레비나스의 주체 물음의 중요한 단

해 말했습니다. 저는 자리를 잡게 되는 존재가 '구해진다'고 생각합니다. 사실 이 생각은 첫 단계에 불과했습니다. 왜냐하면 존재하는 자기 자신은 자신이 지배하는 이 모든 존재자들로 혼잡해져 있기 때문입니다. 저에게는 하이데거의 유명한 '염려'(souci)의 형태가 존재의 혼잡함(encombrement)이었습니다.

따라서 완전히 다른 움직임입니다. '그저 있음'으로부터 벗어나려면 자리 잡는 게 아니라, 자리에서 물러나야 합니다. 자리에서 물러난 왕을 말할 때와 같은 의미로, 물러나야 합니다. 이렇게 **자신**에 의해 주권의 자리에서 물러난다는 것은 타인(autrui)과의 사회적 관계, 존재-사이를-벗어난^{사심-없는}(dés-inter-essée)[9] 관계입니다. 저는 이 말(사심 없음)이 뜻하는바, 존재 사이를 벗어남을 강조하고자 세 단어로 썼습니다. 저는 남용되어 그 가치를 상실한 '사랑'이라는 말

면을 가르쳐 주는 이 말은 익명적 존재의 운동이 아닌 자기가 특정한 시간과 공간 가운데 스스로 자리를 잡고 홀로 서게 되는 주체성의 확립을 일컫는 용어이다. 혹자들은 레비나스가 타자성을 소환하는 과정이 논리적 비약이라고 보지만, 그가 말하는 전체성의 파열은 바로 이러한 홀로 선 주체의 자리 잡음에서부터 차근차근 시작된다.

9   역주: 여기서 존재 사이의 이해관계를 벗어남이라고 번역한 dés-interessement라는 말은 레비나스에게 중요한 개념이다. 보통 '무사심성'이나 '사심 없음', '탈-이해관계'로도 번역되는데 주체와 타자가 맺는 책임적 관계의 특성을 잘 밝혀 준다는 점에서 기존의 번역어도 충분히 좋은 말이다. 하지만 여기서는 레비나스가 굳이 dés-inter-essé라는 변형된 형태로 사용하고 있는 맥락 등을 고려하여, 그의 이 용어에 대한 말놀이를 부각하여 번역했다. 라틴어 esse는 존재를 의미하고, inter는 사이를 의미한다. dé(s)는 분리와 이탈을 의미하는 접두어이다. 이런 의미에서 레비나스가 의도한 이 용어에는, 존재론적 관계 내지 존재 사건의 장을 벗어날 때 무사심적 관계가 가능해진다는 의미가 함축되어 있다.

을 불신합니다만, 타인에 대한 책임, 타인을-위한-존재는 그 당시 제게 익명적이고 무분별한 살랑 소리를 멈추게 하는 것으로 보였습니다. '그저 있음'으로부터의 해방이 저에게 나타났던 것은 이러한 관계의 형태 속에서였습니다. 이것이 저의 인식을 압도했고 제 마음에도 분명해졌기에, 제가 제 책에서 '그저 있음'만 따로 더 이야기한 적은 거의 없습니다. 하지만 '그저 있음'의 그림자, 그리고 비-의미의 그림자는 저에게, 이해관계를 벗어났는지를 시험하는 것만으로도 꼭 필요해 보였습니다.

4. 존재의 고독

네모　『존재에서 존재자로』이후, 선생님은 장 발(Jean Wahl)의 철학 학교에서 행해진 네 차례의 강연을 모은 『시간과 타자』라는 책을 쓰셨습니다. 이 강연은 어떤 상황에서 하게 되신 것인지요?

레비나스　장 발은 —저는 그에게 신세를 많이 졌습니다— 의미를 갖는 모든 것에 대해 주의를 기울이고 있었습니다. 의미의 현시에 대해 전통적으로 인정되어 온 것과는 전혀 다른 형태로 말이죠. 그는 특히나 예술과 철학의 연속성에 관심이 있었습니다. 그는 소르본느에 인접해 있으면서 사람들에게 비학술적 강연을 들을 기회를 제공하는 일이 필요하다고 생각했습니다. 그래서 장 발은 이를 실현하기 위해 카르티에 라탱(quartier latin)에[1] 이 학교를 설립했습니

1　역주: 이 구역은 소르본느 대학(파리 제4대학)을 비롯한 파리의 여러 주요 대학교가 몰려 있어 학생들과 학자들이 많이 드나들며, 주요 인문학 서점이나 여러 중고 서점 등이 운집해 있는 곳이기도 하다.

다. 그곳은 지적으로 비-순응적인 경향―그리고 심지어 그러한 태도를 실제로 취하는 것―이 용납되고 기대되는 장소였습니다.

네모 1948년이면 수많은 정신들이 전쟁과 해방이 있었던 그 거대한 혼란 이후의 문제들과 관련한 사회적 양상에 몰두하고 있던 시기인데, 어떻게 선생님은 선생님만의 형이상학적 기획에 충실하게 천착하신 것인지요?

레비나스 분명 그랬습니다. 하지만 그 당시는 독일 현상학이 프랑스에 당도했고, 하이데거가 알려지기 시작하여 장-폴 사르트르와 모리스 메를로-퐁티가 철학적 지평을 주도했던 시기임을 잊지 말아야 합니다. 우리가 단지 사회적 문제만을 논한 것은 아니었습니다. 모든 문제에 대해 호기심이 있었고, 모든 문제에 전반적으로 개방되어 있었습니다. 게다가 저는 '사회적 문제'로 나아가지 않으면서 순수할 수 있는 순수 철학이 있다고 생각하지 않습니다.

『시간과 타자』는 타인과의 관계를 시간이라는 요소와 관련지어 탐구하는 작품입니다. 마치 시간이 초월이라는 듯이, 타인과 타자에 대한 탁월한 열림이라는 듯이 다루지요. 이 초월에 관한 논제는 통-시성[2]으로 사유되는데, 여기서 동일자는 타자를 어떤 식으로도 에워

2   역주: 레비나스는 통상 시간의 경과를 따라 변화하는 양상을 일컫는 통시성이라는 말을 통해, 타인과의 관계를 시간성 안에서 생각하는 자신만의 길을 보여 준

싸지 않으면서도—심지어 단순한 동시성 안에서 타자와의 가장 형식적인 일치조차 이루지 않으면서—타자에게 무-관심하지-않으며 (non-in-différent), 여기서 미래의 낯섦은 미래가 도래할(a-venir) 곳이자 미래가 예-지(pro-tention) 속에 이미 선취된 곳인 현재와 관련지어 단숨에 기술되는 것이 아닙니다. (오늘날 제가 매우 많이 몰두하고 있는) 이 논제가 30년 전에는 그저 막연하게 예감했던 것이었습니다. 『시간과 타자』에서 이 논제는, 제가 지금 주목하고 있는 문제의 몇몇 요소들을 예비한 일련의 더 직접적인 증거들로부터 시작하여 다

다. dia-chronie의 chronie는 그리스어(χρόνος)에서 시간을 의미하고, dia(διά)는 '-을 경유하다', '-을 통과하다'(à travers, passing through)라는 의미와 더불어 분리 및 구별의 뜻도 있는데, 레비나스는 후자의 뜻을 부각한다. 즉, 레비나스에게 통-시성으로서의 시간은 생동하는 현재로서의 나의 의식 안에 과거와 미래의 다른 것들이 한데 모임으로써 재현 내지 표상되는 어떤 것이 아니라, 서로에게 분리된 동일자와 타자의 차이가 열리는 시간을 뜻한다. 그리고 이 차이의 열림은 동일자가 타자에 무-관심하지-않음이란 탈형식화된—시간의 종합 작용을 벗어난—식으로 끊임없이 양자의 차이를 나타내면서 구체화된다. 이런 레비나스의 시간에 대한 사유가 잘 나타나 있는 글로는 다음과 같은 논고가 있다. Emmanuel Levinas, "Diachronie et représentation(1985)," *Entre nous: Essais sur le prenser-à-l'autre* (Paris: Éditions & Fasquelle, 1991), 177-197. 국역본: 『우리 사이: 타자 사유에 관한 에세이』, 김성호 옮김(서울: 그린비, 2019), 235-262. 또한 다음과 같은 레비나스의 말에도 통시성에 관한 핵심이 담겨 있다. "이러한 차이의 '끊임없음'. 통시성. 이러한 불가능성에 대한 인내, 시간의 길이로서의 인내. 인내 혹은 수동성. 시간을 모으는 상기로 환원되지 않는 인내. 시간의 통시성에 대한 기억의 무능을 강조하는 돌이킬 수 없는 시간과 경과. 시간의 통시성을 강조하는 흐름의 이미지 속에서 시간의 경과를 기억할 수 없는 무능." Emmanuel Levinas, "Penser la mort à partir de temps," in *Dieu, la Mort et le Temps*, établissment de texte, notes et postface de Jacques Rolland (Paris: Bernard Grasset, 1993), 128. 국역본: 「시간으로부터 죽음을 사유하기」, 『신, 죽음 그리고 시간』, 김도형·문성원·손영창 옮김(서울: 그린비, 2013), 166-167.

루어졌습니다.

네모 선생님은 그 책의 첫 장에 이렇게 쓰셨습니다. "이 강연의 목적은 시간이 홀로 고립된 주체의 사건이 아니라 다름 아닌 주체와 타인의 관계임을 보여 주는 것이다."[3] 이는 이상한 시작 방식인데요, 왜냐하면 이 말에는 고독이 그 자체로 문제라는 가정이 있기 때문입니다.

레비나스 고독은 '실존주의적인' 주제였습니다. 그 당시 실존은 고독의 절망, 혹은 불안 속에서의 고립으로 기술되었습니다. 이보다 앞서 나온 제 책이 '그저 있음'으로부터 벗어나려는 시도를 의미하듯이, 이 책은 이러한 실존의 고립에서 벗어나려는 시도를 나타냅니다. 여기에 다시 두 가지 단계가 있습니다. 저는 무엇보다도 인식에 있어서 세계로 나가는 '벗어남'(sortie)을 고찰합니다. 저의 노력은 지식이 실제로 내재성이라는 점과 지식에서 존재의 고립이 전복되는 일은 없다는 점을 보여 주는 데 있습니다. 그리고 다른 한편으로, 우리는 지식의 소통에서 타인 곁에 있는 우리 자신을 발견할 뿐이지, 타인과 마주하지 않으며, 타인의 면전에 올곧이 서지도 않습니다.[4] 타인과 직접 관계를 맺는 존재는 타인을 주제화하지 않으

---

3   Emmanuel Levinas, *Le Temps et l'Autre*, 17; 『시간과 타자』, 34.

며, 인식된 대상을 고찰하는 것과 같은 방식으로 타인을 고찰하지
도 않으며, 타인에게 지식을 전달하지도 않습니다. 실제로, 존재라
는 사실은 가장 사적인 것입니다. 존재는 내가 소통할 수 있는 유일
한 것입니다. 나는 존재에 대해 말할 수 있지만, 나의 존재를 공유
할 수는 없습니다. 따라서 고독은 여기서 다름 아닌 존재 사건의 흔
적을 담은 고립으로 나타납니다. 사회적인 것은 존재론 저편에 있
습니다.

네모 선생님은 이렇게 쓰고 있습니다. "우리가 단독으로 존재하
지 않는다고 말하는 것은 진부하다. 존재하는 것들, 사물들이 우리
를 에워싸고 있으며 우리는 이것들과 관계를 유지한다. 시각, 촉각,
공감(sympathie), 공동 작업 등을 통해 우리는 타자와 **함께**(*avec*) 존
재한다. 이 모든 관계는 타동사적이다. 나는 대상을 만지고, 타자를
본다. 하지만 나는 타자가 아니다(*suis*)."**5**

레비나스 여기서 공식화되는 것은 고독에서 벗어날 가능성으로서

---

4   역주: 이것이 하이데거와 레비나스의 차이다. 레비나스가 나와 타인은 얼굴 대
       얼굴의, 곧 서로가 마주 보는 대면(face-à-face)의 관계를 참된 윤리적 관계로 강
       조하는 반면, 하이데거는 타자와 현존재의 존재 방식으로서 곁에 함께 있음, 곧
       공동존재(Mitsein)의 관계를 내세운다.

5   Levinas, *Le Temps et l'Autre*, 21; 『시간과 타자』, 34.

의 이 **함께**를 문제시하는 것입니다. '함께 존재한다'(exister avec)는 것이 진정으로 존재를 공유하는 것을 나타낼까요? 어떻게 하면 이 공유가 현실화될까요? 아니면('공유'[partage]라는 말은 존재가 소유의 질서에 속한다는 의미일 수 있기에) 우리를 고독에서 벗어나게 하는 존재로의 참여라는 게 있을까요?

네모 우리가 가진 것은 공유할 수는 있지만, 우리가 존재하는 방식은 나눌 수 없다는 말인지요?

레비나스 하이데거에게도 마찬가지로, 존재의 근본 관계는 타인과의 관계가 아니라 죽음과의 관계입니다. 그에게는 사람들이 자기 홀로 죽는다는 것 때문에 타인과의 관계에서 비본래적으로(non-authentique) 존재하는 모든 것이 규탄받습니다.

네모 선생님은 이어서 이렇게 말합니다. "나는 완전히 홀로 존재한다. 그러므로 내 안에서의 존재, 내가 존재한다는 사실, 나의 존재함은 절대적으로 자동사적인 요소, 즉 어떤 지향성도, 어떤 관계도 없는 것을 구성한다. 우리는 존재한다는 것을 제외하면 존재들 사이의 어떤 것이든 교환할 수 있다. 이런 의미에서 존재한다는 것은 존재함으로 말미암아 스스로를 고립시키는 것이다. 내가 존재하는 한, 나는 모나드이다. 내가 문도 없이 창문도 없이 존재하는 것은 존재함으로 말미암은 것이지, 내 안에 소통할 수 없는 어떤 내용이 있어서 그런 것은 아니다. 만일 내 안에 소통할 수 없는 내용이 있다면, 그 이유는 그것이 내 존재 안에 뿌리내리고 있기 때문이다. 즉 내 안에서 가장 사적인 것이기 때문이다. 그래서 내 의식의 확장, 내 표현 수단의 확장은 어떤 것이든 나와 존재함의 관계에, 전형적인 내면의 관계에 아무런 영향을 미치지 못한다."

레비나스　그러나 고독이 그 자체로 이러한 반성의 주요 주제가 아니라는 점을 이해해야만 합니다. 그것은 존재의 표시 중 하나일 뿐입니다. 그것은 고독으로부터 벗어남에 관한 문제가 아니라, **존재로부터** 벗어남에 관한 문제입니다.

네모　그렇다면 첫 번째 해결책은 인식에서, 그리고 선생님이 '먹거리'(nourritures)라고 부르는 것에서 세계와의 관계를 구성하는 자기로부터 벗어나는 것입니다.

레비나스　이를 통해서 저는 이 땅의 모든 먹거리를 주체가 자신의 고독을 회피하기 위한 향유(jouissances)로 이해합니다. '고독을 회피한다'는 표현 자체가 이렇게 자기로부터 벗어남에 환영적(illusoire)이고 순전히 허울뿐인 성격이 있음을 나타냅니다. 인식에 관한 한, 그것은 본질상 우리가 동등시하고 포괄한 것, 우리가 타자성을 유보한 것, 내재적이 된 것과의 관계입니다. 왜냐하면 그것은 나의 척도와 나의 눈금에 있기 때문입니다. 저는 코기토가 스스로에게 땅과 하늘을 줄 수 있다고 말한 데카르트에 대해 생각합니다. **코기토가 스스로에게 줄 수 없는 유일한 것은 무한의 관념입니다.** 앎은 언제나 사유와 사유 대상의 일치입니다. 결국 인식으로는 자기로부터의 벗어남이 불가능합니다. 그러므로 사회성은 인식과 동일한 구조를 지닐 수 없습니다.

네모 여기에는 어떤 역설적인 것이 있습니다. 보통의 의식에서는 반대로, 앎이 대체로 그 정의상 우리를 우리 자신으로부터 벗어나게 하는 것입니다. 설령 선생님께서 별들에 관한 인식에 대해서, 까마득히 먼 것에 관한 인식에 대해서 그렇게 주장하시더라도, 우리가 '동일자'의 요소 안에 머무른다는 말인가요?

레비나스 인식은 언제나 동화 작용으로 해석되어 왔습니다. 심지어 가장 놀라운 발견들도 '이해'(comprendre) 속에서 '취한'(prendre) 것이 있더라도 결국 흡수되고 포함되는 것으로 끝납니다. 가장 대담하면서도 멀리 떨어진 인식은 우리로 하여금 정녕 타자와 교감하게 하지 않습니다. 그것은 사회성을 대신하지 못하며, 여전히 늘 고독입니다.

네모 선생님은 이렇게 인식을 빛으로 여기면서 이야기합니다. 바로 그런 이유로 해명되는(éclairé, 解明) 것은 소유됩니다.

레비나스 또는 소유 가능한 것입니다. 가장 멀리 떨어져 있는 별들까지도 말입니다.

네모 차이에 의해 고독에서 벗어남은 소유의 상실이나 취한 것을 버리는 것이 된다는 말인지요?

레비나스 사회성은 인식을 통한 것이 아닌 존재로부터 벗어나는 방식이 될 것입니다. 그 책에서는 논증 작업이 끝까지 진행되지 않았지만, 그 당시 저에게 나타난 시간은 존재의 확장으로 이해된 시간입니다. 그 책은 무엇보다도 타인과의 관계에서 지향성으로 환원되지 않는 몇몇 구조를 보여 주었습니다. 지향성이 바로 정신의 정신성을 나타낸다고 한 후설의 생각을 의문시한 것이죠. 그리고 그 책은 다음과 같은 관계에서 시간의 역할을 이해해 보고자 합니다. '시간은 지속에 대한 단순한 경험이 아니라, 우리를 우리가 소유한 것 쪽이 아닌 다른 곳으로 이끄는 역동(dynamisme)이다.' 마치 시간 속에 우리와 동등한 것을 넘어서는 움직임이 있었던 것처럼 말입니다. 도달할 수 없는 타자성과의 관계로서의 시간, 따라서 규칙적인 흐름(rythme)과 그 반복의 중단으로서의 시간. 『시간과 타자』

에서 이 논지를 뒷받침한 이 두 가지 주요한 분석은 한편으로 여성적인 것의 타자성(l'altérité du féminin)과의—혼동 없는—에로스적인 관계를 다루고, 또 다른 한편으로는 나로부터, 어떤 면에서는 여전히 나(moi)지만 그럼에도 불구하고 절대적으로 다른 한 타자로 나아가는 부성(paternité)의 관계를 다룹니다. 말하자면 시간성은 번식성(fécondité)의 구체성이자 논리적 역설에 가까워집니다. 이러한 것들이 바로 동일자가 타자를 지배하거나 흡수하거나 병합해 버리는 것과 대조되는, 지식을 그 모형으로 삼는 것과 대조되는 타자성과의 관계입니다.

5. 사랑과 자식성

네모 따라서 타자와의 관계가 대상에 대한 인식을 취하는 주체 모형과 단절되는 첫 번째 분석은, 사랑(amour)이 인식임을 암시하는 은유들이 있음에도 불구하고, **에로스**(éros)에 관한 것일 터입니다. 타인의 타자성은 시간의 미래로 의미화될 수 있을까요?

레비나스 어떤 개인을 다른 어떤 타자로부터 형식상 구별해 주는 논리적 차이나 수적 차이로는 환원되지 않는 존재들 사이의 타자성은 **에로스**에서 고양됩니다. 그런데 에로스적 타자성은 비교 가능한 것들 사이에서 서로를 구별해 주는 상이한 속성에 기인한 것에 국한되지도 않습니다. 여성적인 것은 남성적 존재에 대해 타인인데, 이는 단지 어떤 상이한 본성을 갖고 있기 때문만이 아니라, 어떤 점에서는 타자성이 여성적인 것의 본성이기 때문입니다. 에로스적 관계에서는 타인 안에 있는 다른 속성이 아니라, 타인 안에 있는 타자성이 중요합니다. 『시간과 타자』에서, 남성적인 것과 여성적인 것은 상호-인격적 교제를 명령하는 중립적인 상호성 속에서 사유되지 않으며, 주체의 자아는 남성다움^{남성의 성욕}(virilité) 안에 놓여집니다. 또한 그 책에는 여성성에 고유한 존재론적 구조가 탐구되어 있습니다(제가 잠시 후 간단히 말하려고 하는 것과 관련된 탐구입니다) — 이것은 순전히 시대착오적인 것일까요?[1] 여성적인 것은 **자기에 대한 타자**(de soi autre)로, 타자성 개념 자체의 기원으로 기술됩니다. 이러한 관점들의 궁극적인 적절성과 이 관점들이 요구하는 중요하게 바로잡을 점들이 무엇인지요! 어떤 의미에서 이 관점들은 수적 차이나 자연적 차이에 대한 것으로 환원될 수 없는 것을 파악하게 해 주며, 에로스적 관계를 지배하는 타자성을 사유할 수 있게 해 줍니다. 이러한 관계에서는 그 어떤 것도 에로스적 관계에서 고양된

---

1 역주: 이런 레비나스의 사고를 시대착오적인 것으로 볼 수도 있다. 왜냐하면 그는 남성성과 여성성을 본질주의적인 언어로 규정하고 있는 것처럼 보이기 때문이다. 그래서 혹자들은 페미니스트적 관점에서 레비나스의 한계를 지적하는데, 이는 확실히 타당한 지적이다. 하지만 다른 한편에서는 레비나스가 초월적 관계를 가능하게 하는 타자성을 여성적인 것으로 규정하기 때문에 오히려 페미니즘을 위한 새로운 사유의 길을 여는 데 기여한다고 본다. 이런 점에서 여성성에 관한 레비나스의 사유는 일면적으로 평가될 수 없으며, 다소간 애매한 의미의 공간이 생겨나게 한다. 페미니스트 철학자로서 레비나스의 철학을 오랫동안 연구한 티나 챈터(Tina Chanter)는 그런 애매성을 다음과 같이 표현한다. "혹자는 레비나스 텍스트의 여성적인 것을 부성적 논리를 초과하는 것으로 … 너그럽게 읽어 낼 수 있다. … 아니면 여성적인 것에 가장 전통적인 역할을 할당하는 것으로 … 레비나스를 덜 너그럽게 읽을 수도 있다." Tina Chanter, "Introduction," in *Feminist interpretations of Emmanuel Levinas*, ed. Tina Chanter (University Park, PA.: The Pennsylvania University Press, 2001), 25.

타자성을 환원해 내지 못합니다. 타자성의 억압인 인식과는 완전히 반대로, 헤겔의 '절대지'(savoir absolu)에서 '동일자와 비동일자의 동일성'을 상찬하는[2] 인식과는 완전히 반대로, 사랑의 관계에서는 타자성과 이원성이 사라지지 않습니다. 두 존재 사이에서 혼동^{뒤섞임}이 되는 사랑 관념은 거짓된 낭만적 개념입니다. 에로스적 관계의 파토스는 둘로 존재한다는 사실이며, 그래서 타자가 절대적으로 다르다는 사실입니다.

네모   관계를 형성하는 것은 타인을-알지-못함인가요?

레비나스   알지-못함은 여기서 인식의 **결여**로 이해되는 것이 아닙니다. 예견할 수 없음은 인식에만 관계되는 타자성의 형태입니다. 인식에 있어서 타자는 본질적으로 예견할 수 없는 것입니다. 하지만 **에로스**에서 타자성은 예견할 수 없음과 동의어가 아닙니다. 사랑이 사랑임을 아는 데 실패한 것과 같지 않습니다.

---

2   역주: 헤겔도 동일자와 동일자에 대립하는 것으로서의 차이를 사유한다. 이를테면 선이 동일자라면 그 부정과 대립으로서의 악이 존재한다. 하지만 악은 언제나 그 자체로만 운동하지 않고 역사의 진보 속에서 선과 화해를 이루고, 이때 선은 더 상승되고 진보된 선이 된다. 이런 점에서 헤겔의 변증법은 최종적인 절대지에서 온전한 선의 성취를 이루는 논리를 제공하며, 동일자로 환원되지 않는 차이나 일자가 아닌 타자가 그 자체로 존속하는 길을 제시하지는 않는다.

네모 『시간과 타자』 중 사랑의 관계에 할애된 장에서 몇 줄을 꼽아 보겠습니다. "성의 차이는 상보적인 두 항의 이원성이 아니다. 왜냐하면 상보적인 두 항은 그것에 앞서 존재하는 전체를 전제하기 때문이다. 그런데 성의 이원성이 전체를 전제한다고 말하는 것은 사전에 사랑을 융합으로 상정해 놓은 것이다. 반면 사랑의 파토스는 존재들이 넘어설 수 없는 이원성으로 이루어져 있다. 그것은 영원히 달아나는 것과의 관계이다. 이 관계는 **바로 그러한 사실로 인해** 타자성을 중화시키기는커녕, 오히려 타자성을 보존한다. [...] 여기서 타자로서의 타자는 우리의 것이 되거나 우리가 되는 어떤 대상이 아니다. 이와 반대로 타자는 그 신비 속으로 물러난다. [...] 이 여성적인 것이라는 개념에서 내게 중요한 것은 그것을 인식할 수 없다는 점뿐만 아니라, 빛에서 달아나는 것으로 이루어진 그것의 존재 방식이다. 존재 안에서 여성적인 것은 빛을 향해 가는 공간적 초월 사건이나 표현 사건과는 다른 어떤 사건이다. 그것은 빛 앞에서의 도피다. 여성적인 것이 존재하는 방식은 [자신을] 감추는 것, 혹은 부끄러움(pudeur)이다. 그러므로 여성적인 것의 타자성은 단순히 대상의 외재성에 있지 않다. 또한 의지의 대립으로 형성되지도 않는다."[3]

"… 여성적인 것의 초월은 다른 어딘가로 달아나는 데 있다. 의식의 운동과는 정반대 방향의 운동이다. 하지만 이런 점 때문에 여

---

3   Levinas, *Le Temps et l'Autre*, 78-79; 『시간과 타자』, 104-106.

성적인 것이 무의식적이거나 전의식적인 것은 아니다. 나는 이를 신비라고 부르는 것 말고 달리 표현할 가능성을 알지 못한다. 우리는 타인을 자유로 상정하기에, 빛의 측면에서 생각하기에, 의사소통의 실패를 인정하지 않을 수 없다. 하지만 우리는 자유를 거머쥐거나 소유하려는 경향의 운동이 실패했다는 점만 인정해 왔다. 우리는 **에로스**가 어떤 식으로 소유 및 권력과 구별되는지를 보여 줌으로써만, **에로스** 안에서의 의사소통을 인정할 수 있다. 이것은 투쟁도 아니고, 융합도 아니며, 인식도 아니다. 우리는 관계들 가운데서 에로스의 예외적인 위치를 식별해야 한다. 그것은 타자성과의 관계이고, 신비와의 관계이며, 다시 말해 미래와의 관계이고, 모든 것이 있는 세계 속에서 결코 거기 있지 않은 것과의 관계이다."[4]

레비나스 아시다시피, 이 마지막 명제는 시간과 타자를 동시에 생각하는 일의 관심사를 입증합니다. 아마 한편으로, 남성적인 것과 여성적인 것 간의 존재론적 차이에 대한 이 모든 암시는, 인간성을 두 가지 종(또는 두 가지 유쳰더[genres])으로 나누는 대신, 남성적인 것에, 여성적인 것에 참여하는 것이 모든 인간 존재의 속성이라고 표현했더라면, 시대에 덜 뒤떨어져 보였을 것입니다. 이것이 수수께끼 같은 창세기 1장 27절의 의미일 수 있지 않을까요? "신께서 그

---

4   Levinas, *Le Temps et l'Autre*, 81; 『시간과 타자』, 108.

들을 남자와 여자로 창조하셨다."

네모   선생님은 성적 쾌감에 대한 분석으로 글을 이어 가십니다. "정확히 말하자면 애무되는 것은 만져지는 것이 아니다. 애무(caresse)가 추구하는 것은 이렇게 접촉으로 주어진 손의 부드러움이나 포근함이 아니다. 이러한 애무의 추구는 애무가 추구하는 것이 무엇인지를 모른다는 사실을 통해 그 본질을 구성한다. 이러한 '모른다는 것'이, 근본적으로 질서 잡혀 있지 않음이 그 본질이다. 애무는 마치 달아나는 어떤 것과 하는 놀이, 구상이나 계획이 전혀 없이 하는 놀이와 같다. 우리의 것이나 우리 자신이 될 수 있는 무언가와 하는 놀이가 아니라, 다른 무언가와, 언제나 다르며 언제나 접근할 수 없고 언제나 [미래에서] 도래하는 것과의 놀이 말이다. 그리고 애무는 아무 내용 없는 이 순수한 미래에 대한 기다림이다."[5]

인식의 관계가 아닌, 존재로부터 벗어남을 진정으로 현실화하는, 타인과의 관계의 두 번째 유형이 있는데, 이 자체에 시간의 차원도 함축되어 있습니다. 그것은 바로 자식성(filialité)입니다.

레비나스   자식성은 훨씬 더 신비롭습니다. 그것은 타자가 철저히 타자이지만, 어떤 점에서는 나(moi)인 타자와의 관계입니다. 아버

---

5   Levinas, *Le Temps et l'Autre*, 82; 『시간과 타자』, 109-110.

지인 자신은, 소유물이 되지 않은 그의 것인 타자성과 관련됩니다.

네모 선생님은 아들이 아버지에게는 불가능한 가능성들을 나타낸다고 하셨는데, 그렇다면 **그의** 가능성이란 어떤 것인가요?

레비나스 저는 언젠가 장 발의 학교에서 자식성에 관한 강연을 한 적이 있습니다. 마치 나의 존재가 생산성 속에서 ― 아이들의 가능성에서 시작하여 ― 어떤 존재의 본질에 새겨진 가능성들을 넘어서는 것처럼, 「가능한 것의 저편」(Au-delà du possible)이라는 제목으로 말이죠.[6] 저는 한편으론 존재론적 조건의 전복과 또한 실체의 논리의 전복을, 다른 한편으론 초월적 주체성의 전복 ― 이것이 의미하는 바 ― 을 강조하고 싶었습니다.

네모 선생님은 이 안에서 순전히 심리학적인 '우연적 사건'이나 혹시 생물학의 술수가 아닌, 정확히 존재론적인 특색을 보십니까?

---

6 역주: 이 글은 레비나스가 말한 것처럼 1959년 1월 27일 장 발의 철학학교에서 처음 강연 형태로 소개되었고, 최근에 다음 문헌에 수록되었다. Emmanuel Levinas, "Au-delà du possible," in *Œuvres 2: Parole et Silence et Autres Conférences Inédites Au Collège Philosophique*, ed. Rodolphe Calin (Paris: Bernard Grasset, 2009), 291-318.

레비나스   저는 심리학적인 '우연적 사건'이 존재론적 관계가 스스로를 보여 주는 방식이라고 믿습니다. 심리학은 의외의 사건이 아닙니다.

타자의 가능성을 당신의 고유한 가능성으로 본다는 사실, 당신에게 부여되지 않았지만 당신의 것인 무언가를 향해 당신에게 부여된 것과 당신의 동일성의 울타리로부터 벗어날 수 있다는 사실―이것이 부성(paternité)입니다. 나의 고유한 존재 저편에 있는 이러한 미래, 시간을 구성하는 이러한 차원은 부성에서 한 가지 구체적인 내용을 갖습니다. 아이가 없는 이들이 이러한 사실에서 어떤 식으로도 경시되지 말아야 합니다. 생물학적 자식성은 단지 자식성의 일차적 형태일 뿐입니다. 우리는 생물학적인 혈연관계 없이도 자식성을 인간 존재들 사이의 한 관계로 매우 잘 파악할 수 있습니다. 우리는 타인에 대해서도 아버지의 태도를 가질 수 있습니다. 타인을 아들로 간주한다는 것은 바로 제가 "가능한 것의 저편"이라고 부르는 관계를 타인과 더불어 수립하는 것입니다.

네모   그러한 정신적 자식성의 예를 들어 주실 수 있는지요? 선생님과 제자의 관계에 그런 것이 있을까요?

레비나스   자식성과 우애(fraternité)―생물학적 기반이 없는 부모와의 관계―는 우리의 일상적 삶의 일반적인 은유입니다. 선생님과 제자의 관계는 자식성과 우애로 환원되지는 않지만 확실히 그것들을 포함합니다.

네모 선생님은 이렇게 적고 있습니다. "부성은 전적으로 타인이지만 동시에 나(moi)인, 낯선 이⁰ᵇⁱⁿ(étranger)와의 관계다. 그것은 똑같은 자신이지만 자신에게 낯선 자기와의 관계이다. 왜냐하면 아들은 시(詩)나 내가 만든 물건처럼 단순히 내 작품이 아니며, 내 소유물도 아니기 때문이다. 영향력의 범주나 데리고 있음의 범주는 아이와의 관계를 나타낼 수 없다. 원인 개념이나 소유 개념이 생산성에 관한 사실을 파악하게 해 주는 것도 아니다. 나는 나의 아이를 가지고 있지 않으며, 나는 어떤 식으로는 나의 아이이다. 여기서 '나는 있다-ⁱᵈᵃ'(je suis)라는 말은 엘레아학파나 플라톤주의의 의미와는 전혀 다른 의미를 갖는다. 이 있다(exister) 동사에는 어떤 다수성과 초월성이 내포되어 있다. 가장 대담한 실존주의적 분석에서조차 결여되어 있는 초월성이 내포되어 있다. 게다가 아들은, 예컨대 나의 슬픔이나, 나의 시련, 나의 고통처럼 나에게 일어나는 사건이 아니다. 아이는 하나의 자아이며, 인격이다. 끝으로, 아들의 타자성은 **다른 자아**(alter ego)의 타자성이 아니다. 부성은 내가 나 자신을 아들의 자리에 놓을 수 있는 어떤 동감(sympathie) 같은 것이 아니다. […] 원인의 범주를 따라서가 아니라 아버지의 범주를 따라서 자유가 이루어지고 시간이 성취된다. […] 부성은 단순히 아들 안에

서 아버지가 새로워진 것이 아니며 아들과의 혼동도 아니다. 부성
은 아들과의 관계에서 아버지의 외재성이기도 하다. 그것은 다원주
의적 존재함이다.[7]

7   Levinas, *Le Temps et l'Autre*, 85-87. 『시간과 타자』, 112-114.

6. 비밀과 자유

네모 우리는 오늘 1961년 출간된 『전체성과 무한』을, 선생님의 주요 철학 저술 가운데 하나인 『존재와 다르게 또는 존재사건 저편』과 같이 이야기해 보려 합니다. 제목 자체가 어떤 문제 또는 물음을 내포합니다. '전체성'과 '무한'은 어떤 점에서 서로 대립합니까?

레비나스 이 두 단어의 연계에 내포된 전체성에 대한 비판에는 철학사를 가리키는 것이 있습니다. 이 역사는 보편적 종합을 시도하는 것으로, 의식이 세계를 포용하며 의식 바깥에 다른 아무것도 남지 않고 따라서 절대적 사유가 되는 전체성으로 모든 경험과 모든 합리적인 것을 환원하는 것으로 해석될 수 있습니다. 자기에 대한 의식은 동시에 전체에 대한 의식입니다. 철학사에는 이런 전체화에 반대하는 항의가 거의 없었습니다. 제가 아는 한, 본질적으로는 헤겔에 관한 논의인 프란츠 로젠츠바이크(Franz Rozenzweig)의 철학에서 처음으로 저는 전체성에 대한 근본적 비판과 만났습니다. 이 비판은 죽음의 경험에서 시작합니다. 전체성 안에 병합된 개인이 죽음에 대한 불안을 극복하지 못하며 자신의 특수한 운명을 포기하지 않는 한, 그 개인은 전체성 안에서 쉼을 발견하지 못합니다. 말하자면 전체성이 '전체화되지' 못한 것입니다. 따라서 로젠츠바이크에게는 전체성의 붕괴가 있고, 그에게서 합리적인 것을 탐구하는 상당히 다른 길이 열립니다.[1]

---

1   역주: 레비나스는 로젠츠바이크의 『구원의 별』을 염두에 두고 있다. Franz Rosenzweig, *Der Stern der Erlösung* (Frankfurt am Main: J. Kauffmann, 1921). 레비나스가 언급하는 죽음에 대한 인간의 두려움과 전체성으로 그 두려움을 망각하게 하려는 철학의 잘못된 시도를 지적하는 로젠츠바이크의 전체성 철학 비판 한 대목을 옮겨 둔다. "전체(All)에 대한 모든 인식은 죽음의 공포 속에서 비롯된다. 철학은 사물에 대한 공포를 지상으로 떨쳐 버리고, 독침의 죽음을 강탈하며, 그 역병적인 입김을 하데스가 스스로 취하게 한다. 죽음에 대한 두려움 속에서 필멸하는 모든 것이 살아가고, 모든 새로운 탄생은 하나의 새로운 이유를 따라 죽음의 공포를 증대시킨다. 왜냐하면 그것은 필멸하는 것을 증대시키기 때문이다. 그칠 줄 모르는 대지의 자궁은 공포와 전율 속에서 어둠 속으로 향하는 여정의 날을 기다리며 각각 죽을 수밖에 없는 새로운 것을 낳는다. 그러나 철학은 지상에 대한 이러한 두려움을 부정하고 있다. … 참으로, 전체는 죽을 수 없고 전체 안에서 죽을 수 있는 것은 아무것도 없을 것이다. 개인만이 죽을 수 있고 필멸하는 모든 것은 고독하다. 철학이 개인을 없애야 한다는 사실은, 그것이 관념론적인 것이 되어야만 하는 이유이기도 하다. 왜냐하면 전체(All)로부터 개인을 분리하기를 부정하는 관념론은 철학이 더 이상 안개로 휩싸인 하나이며 전체인 개념에 대한 저항을 제공하지 않을 때까지 완고한 소재로 작용하는 도구이기 때문이다. … 철학은 무의 밤(Nacht des Nichts)까지 삼켜 버렸을 법도 하지만 독침을 뜯어낼 수는 없었다. 그리고 인간의 공포는, 이 독침을 맞기도 전에 부들부들 떨면서, 철학의 온정적인 거짓말을 잔인한 거짓말이라고 비난하고 있다." Rosenzweig, *Der Stern der Erlösung*, 7-9.

네모 어떤 길은 서양 철학에서 탐구되지 않았는데, 서양 철학은 그런 길보다 체계의 길을 압도적으로 선호한 것이죠?

레비나스 그것은 사실 헤겔 철학에서 절정에 도달한 서양 철학의 전 과정이며, 이는 매우 당연하게도 철학 자체의 귀결로 나타날 수 있습니다. 정신적인 것과 합리적인 것이 항상 지식 안에 거하는 서양 철학의 어느 곳에서든 이렇게 전체성에 대한 향수(nostalgie)를 볼 수 있습니다. 마치 전체성을 상실한 것처럼, 그리고 이러한 상실이 정신의 죄라는 듯이 말이죠. 그렇다면 이는, 진리이자 정신에 그 모든 만족감을 부여하는 실재의 전모를 보여 주는 비전(vision panoramique du réel)인 셈입니다.

네모 선생님은 이와 같이 거대한 철학 체계들을 특징짓는 이 총체화하는(globalisante) 비전을, 의미에 대한 또 다른 경험을 무시하는 것으로 보시지요?

레비나스 환원 불가능하고 궁극적인 관계에 대한 경험은 다른 데 있는 것 같습니다. 종합이 아니라, 인간들의 대면얼굴 대 얼굴(face à face)에, 사회성에, 그것의 도덕적 의미가 있는 것 같습니다. 그런데 우리는 도덕이 전체성과 전체성의 위험에 대한 추상적인 반성을 넘어서 부차적인 층위로 도래하지 않는다는 점도 이해해야 합니다.

도덕은 독립적이면서 예비적인 범위를 갖습니다. 제일철학은 윤리학입니다.

네모　단일한 지식으로 모든 의미를 궁극적으로 전체화할 수 있다는 생각에 반대하시면서, 선생님이 '종합할 수 없는 것들'이라고 부르신 것이 있습니다. 그렇다면 이것이 윤리적 상황이 될까요?

레비나스　종합할 수 없는 대표적인 것은 분명 사람들 간의 관계입니다. 우리는 또한 특히 데카르트가 생각했던 것처럼, 신의 관념이 존재의 전체성의 일부를 이룰 수 있는지, 혹 더 정확하게는 존재를 초월하지 않은 것인지 의문을 가질 수 있습니다. '초월'(transcendence)이라는 말은 정확히, 우리가 신과 존재를 함께 사유할 수 없다는 사실을 의미합니다. 마찬가지로, 인격들 사이의 관계에서, 초월은 나와 타자를 함께 사유하는 문제가 아니라, 마주함의 문제입니다. 참된 결합이나 참된 조화(ensemble)는 종합의 조화가 아니라, 얼굴 대 얼굴(face à face)의 조화입니다.

네모　선생님이 책에서 인용하신 종합할 수 없음의 또 다른 예가 있습니다. 태어남과 죽음이 있는 어느 인간의 삶이 다른 누군가에 의해 작성될 수 있습니다. 죽지 않은 사람에 의해서, 당신이 생존자나 역사가라고 부르는 사람에 의해서 쓰일 수 있습니다. 하지만 자기 삶의 여정과, 나중에 역사와 세계의 사건들이 이어지는 연대기 속에 기록될 것들 사이에는 환원할 수 없는 차이가 있음을 모든 사람이 인지합니다. 그렇다면 나의 삶과 역사는 전체성을 형성하지 못합니까?

레비나스   실제로 이 두 가지 관점은 절대로 종합할 수 없는 것입니다. 사람들 사이에는 모든 종합이 전제하고 있는 공통의 영역이 없습니다. 객관화된 사회에 대해 말할 수 있게 하는 공통의 요소, 사람과 사물이 닮으려면 필요한 공통의 요소, 사람이 자신을 사물처럼 개별화하려면 거쳐야 하는 공통의 요소는 일차적인 것이 아닙니다. 라이프니츠의 표현을 따르면 참된 인간 주체성은 식별 불가능한 것이기에, 결과적으로 주체성은 사람들을 한데 묶는 어떤 유의 개별자로 있는 것이 아닙니다. 우리는 주체성의 비밀을 말하면서 이를 언제나 알고 있습니다. 그런데 헤겔은 이 비밀을 조롱했지요. 말하기란 낭만주의적 사유에 좋은 것이라면서…

네모   전체성의 사유에는 비밀이 허용되지 않기 때문에 전체주의가 있다는 것입니까?

레비나스   전체성에 대한 저의 비판은 사실 우리가 아직도 잊지 못하고 있는 정치적 경험 이후에 나왔습니다.

네모　정치철학에 관하여 말씀 나누어 보시죠. 선생님은 『전체성과 무한』에서 총체적이고 종합적인 '사회'(« la » société) 개념이 아닌 다른 것으로 '사회성'을 정초시키려 하셨습니다. 선생님은 이렇게 쓰셨지요. "실재적인 것은 그것의 역사적 객관성 안에서 규정되어야 할 뿐만 아니라, 또한 역사적 시간의 연속성을 중단시키는 비밀로부터, 내적 지향들로부터 규정되어야 한다. 사회의 다원주의(pluralism)는 이러한 비밀에서 출발할 때만 가능하다."[2] 따라서 자유를 존중하는 사회는, 사태(choses)를 자유롭게 놔둘 때 사회가 더 잘 기능한다고 가정하는 객관적 사회이론, 곧 '자유주의'를 단순하게 그 사회의 기초로 삼을 수 없을 것입니다. 그러한 자유주의는 자유가 객관적 원리에 의존하게 할 뿐, 자유가 삶의 본질적 비밀에 의존하게 하지는 않을 것입니다. 이 경우 자유는 전적으로 상대적인 것이 될 뿐입니다. 이런 자유는 우리가 어떤 정치적 관점이나 경제적 관점에서 주어진 조직 유형에 대해 더 큰 효율성을 객관적으로 입증하는 것으로 충분할 것입니다. 그리고 자유는 목소리를 잃을 것입니다. 진정으로 자유로운 사회를 정초하기 위해서 '비밀'이라는 형이상학적 이념만으로 충분할까요?

레비나스　『전체성과 무한』은 이런 방향으로 전개되는 저의 첫 번째 책입니다. 그 책은 상호주관적 관계의 내용에 관한 문제를 제기

2　Emmanuel Levinas, *Tolalilié et infini*, 29; 『전체성과 무한』, 69.

하고자 합니다. 왜냐하면 우리가 지금까지 말한 것은 부정적인 것 뿐이기 때문입니다. 전체적이고 부가적인 사회성과는 다른 이러한 사회성은 긍정적으로 어떤 것으로 구성될까요? 이것이 제가 뒤이어 몰두했던 문제입니다. 조금 전에 읽으신 문장은 오늘날 제게 본질로 보이는 것에 비하면 훨씬 더 형식적입니다.

왜냐하면 제가 방금 말한 것으로부터, 이성에 대한 평가절하나 보편성을 향한 이성의 열망에 대한 평가절하를 도출하면 안 되기 때문입니다. 다만 저는 제가 기술한 바와 같이, 바로 상호주관적인 것의 요구로부터 이성적 사회의 필연성을 도출해 내고자 합니다. 작금의 의미에서 사회라는 것이 인간은 인간에게 늑대라는 원리에 제한을 가한 결과인지, 아니면 반대로 인간은 인간을 **위해** 존재한다는 원리에 제한을 가한 결과인지를 아는 것은 극히 중요합니다. 제도 및 보편적인 형식과 법을 가진 사회는 인간들 사이의 투쟁의 영향을 제한한 데서 유래한 것일까요, 아니면 사람 대 사람의 윤리적 관계에서 열리는 무한을 제한한 데서 유래한 것일까요?[3]

---

3   역주: 이 단락에서 레비나스는 홉스나 홉스를 따르는 이들의 사회에 대한 이해와 자신의 사회에 대한 이해를 대립시킨다. 다른 글에서 레비나스는 다음과 같이 말한 바 있다. "'사회 계약'을 설립하는 정치적인 것의 질서―윤리-이후의 또는 윤리-이전의―는 충분한 조건도 아니고 윤리의 필연적 결과도 아니다. 윤리적 정립에서 자아는 도시에서 태어난 시민과 구별되고, 자연적 자기중심주의 속에 있는 모든 질서에 선행하며 홉스 이래로 정치철학이 개인으로부터 도시의 사회 질서 내지 정치 질서를 끌어내려고 한―끌어내는 데 성공하는―것과 구별된다." Emmanuel Levinas, "La souffrance inutile," *Entre nous: Essais sur le penser-à-l'autre*, 119. 「무의미한 고통」, 『우리 사이』, 157.

네모　첫째 경우에, 우리는 벌이나 개미의 사회처럼, 사회 내부의 규제를 형성하는 정치 개념을 가지고 있습니다. 그것은 자연주의적이고 '전체주의적인' 개념입니다. 둘째 경우에, 정치를 능가하는 윤리적인 또 다른 자연에 관한 보다 고등한 규제가 있습니까?

레비나스　정말로 정치는 언제나 윤리에 기초하여 점검받고 비판받을 수 있어야 합니다. 이 두 번째 형태의 사회성은 각자에게 자신의 삶인 비밀, 폐쇄된 내면성이라는 어떤 엄격하고 사적인 영역으로 고립될 수 있는 울타리를 고집하지 않는 비밀, 그럼에도 타인에 대한 책임을 고수하는 비밀을 정당하게 평가할 것입니다. 이 책임은 그것이 윤리적으로 도래할 때 양도할 수 없는 책임일 터이고, 우리는 이 책임으로부터 달아날 수 없을 것이며, 따라서 이 책임은 절대적 개별화의 원리일 것입니다.

7. 얼굴

네모　『전체성과 무한』에서, 선생님은 얼굴에 관해 길게 이야기합니다. 얼굴은 선생님이 빈번하게 다루는 주제들 가운데 하나지요. 이 얼굴의 현상학, 곧 내가 타인을 얼굴 대 얼굴로 바라볼 때 일어나는 일에 대한 분석은 무엇으로 이루어져 있으며, 또 무엇을 위한 것인지요?

레비나스　현상학은 나타나는 것을 기술하는 것이기 때문에, 얼굴의 '현상학'이란 것을 말할 수 있을지 저는 잘 모르겠습니다.[1] 이처

1　역주: 이는 레비나스 철학의 전개 양상을 볼 때 매우 흥미로운 언급이다. 왜냐하면 그는 「『전체성과 무한』 독일어판 서문」에서 이렇게 말한 적이 있기 때문이다. "타자에 대한 책임을 명령하는 타자의 벌거벗음과 비참 속에 있는 명령. 즉 존재론의 저편. 신의 말. 세계 저편에 있는 배후-세계들에 대한 그 어떤 사색에서도 발생하지 않고, 지식을 초월하는 그 어떤 지식에서도 발생하지 않는 신학. 얼굴의 현상학. 즉, 실증 종교들에서 이미 성서의 독자이고 성서 해석자인 어린아이들에게 말하거나 우리가 각자의 아이다움에 말하는 목소리를 인식하게 하거

럼, 저에게는 우리가 얼굴을 향해 나의 시선을 돌리는 것에 대해 말할 수 있을까 하는 의구심이 있습니다. 왜냐하면 시선은 인식, 지각이기 때문입니다. 저는 오히려 얼굴에 접근하는 것이 곧 윤리적이라고 생각합니다. 당신이 코, 눈, 이마, 턱을 보고서 그것들을 기술할 수 있을 때, 당신은 어떤 대상을 향하듯이 타인을 향하는 것입니다. 타인을 마주하는 제일 좋은 방식은 타인의 눈동자 색조차 알아채지 못하는 것입니다! 눈동자 색을 관찰하고 있다면, 타인과 사회적 관계에 있는 것이 아닙니다. 지각은 확실히 얼굴과의 관계를 지배할 수 있지만, 얼굴 특유의 것은 지각으로 환원되지 않습니다.

나 거부하게 할 신에게로 필연적으로 올라가기." Emmanuel Levinas, "Totalité et Infini: Préface à l'édition allemande," *Entre nous: Essais sur le penser-à-l'autre* (Paris: Éditions Grasser & Fasquell, 1991), 251. 국역본: 「『전체성과 무한』 독일어판 서문」, 『우리 사이』, 김성호 옮김(서울: 그린비, 2019), 326-327. 여기서 레비나스는 분명 "얼굴의 현상학"이란 표현을 쓰고 있다. 이로 인해 혹자들의 오해를 불러일으킨 것도 사실이다. 왜냐하면 저 말만 보자면 레비나스가 핵심적으로 시도한 것이 얼굴과 얼굴 주위의 세계를 기술한 것으로 볼 수 있기 때문이다. 하지만 레비나스는 현상학을 방법만으로 도입할 뿐, 얼굴이 지향적 관계로 포섭되지 않음을 분명하게 말하고 있다. 얼굴이 출현하기까지의 현상들을 기술한다고 하더라도, 그러한 현상학은 결국 현상 너머의 얼굴의 현현을 나타내기 위한 과정에서 사용되는 방법이다. 물론 이 방법은 너무나 핵심적이지만, 현상 너머의 것으로 올라가는 초월이 곧 레비나스가 말하고자 하는 것이라고 할 때, 그의 철학은 현상학은 통해 현상학을 넘어서 윤리적 형이상학 내지 윤리적 초월철학으로 귀결된다고 이해하는 편이 좋을 것이다. 이 문제와 관련해서 중요한 통찰을 주는 문헌으로는 다음과 같은 것들이 있다. Edith Wyschogrod, *Emmanuel Levinas: The Problem of Ethical Metaphysics* (New York: Fordham University Press, 2000); Theodore de Boer, *The Rationality of Transcendence: Studies in the Philosophy of Emmanuel Levinas* (Leiden: Brill Academic Publisher, 1997).

무엇보다도 얼굴 자체의 올곧음, 무방비 상태에서 얼굴이 올곧게 노출되는 일이 있습니다. 얼굴의 피부는 가장 벌거벗은 상태, 가장 아무것도 없는 상태로 있는 것입니다. 단정한 벌거벗음이더라도 가장 벌거벗은 것입니다. 그것은 또한 가장 아무것도 없는 것입니다. 얼굴에는 본질적인 빈곤함이 있습니다. 우리가 어떤 포즈와 몸가짐을 취함으로써 이러한 빈곤함을 숨기는 가면을 쓴다는 것이 바로 그 증거입니다. 얼굴은 마치 우리를 폭력 행위에 초대하는 것처럼, 노출되고 위협받습니다. 동시에, 얼굴은 우리가 살인을 저지르지 못하게 하는 것입니다.

네모   전쟁 이야기들은 실제 자신을 직시하고 있는 사람을 죽이는 게 어렵다는 점을 말해 줍니다.

레비나스   얼굴은 의미작용인데, 맥락 없는 의미작용입니다. 저는 올곧은 얼굴을 한 타인이 어떤 맥락 속에 있는 인물이 아님을 말하고자 합니다. 통상 우리는 한 '인물'(personnage)입니다 ─소르본느의 교수로, 최고행정법원(Conseil d'Etat)의 부원장으로, 아무개의 아들로, 여권에 기재된 사항들로, 옷 입는 방식으로, 자신을 나타내는 방식으로 있습니다. 인물이라는 말이 보통 뜻하는 모든 의미작용은 이렇게 맥락과 관련합니다. 즉, 어떤 것의 의미는 다른 무언가와의 관계 속에 있습니다. 반면 여기서 얼굴은 그 자체로 의미를 발합니다. 당신은 당신입니다. 이런 의미에서 얼굴은 '보이지' 않는다고 말할 수도 있습니다. 얼굴은 당신의 사유가 포용할 만한 내용이 될 수 없는 것입니다. 얼굴은 담아낼 수 없는 것이며 당신을 저편으로 인도하는 것입니다. 얼굴의 의미작용이 지식과 관련된 존재로부터 벗어나게 한다는 말이 바로 이런 것입니다. 이와 반대로, 봄 (vision)은 일치를 찾는 일입니다. 봄은 존재를 흡수하는 대표적인 일입니다. 하지만 얼굴과의 관계는 곧바로 윤리적인 것입니다. 얼굴은 살해할 수 없는 것, 혹은 적어도 그 **의미**가 "살인하지 말라"[2]라고 말하는 것으로 이루어져 있습니다. 살인은 참으로 우리가 타인을 죽일 수 있다는 평범한 사실입니다. 윤리적 요구는 존재론적 필연성이 아닙니다. 살인 금지는 그 금지의 권위가 악을 성취하려는 나쁜 양심―악의 교활함―에 머물러 있더라도, 살인죄의 성립을 불가능하게 만들지는 않습니다. 이는 또한 사람의 인간성이 세상에 관여되는 만큼 그 인간성이 드러나는 성서 속에도 나타납니다. 그런데 진정으로, 존재 안에 이러한 '윤리적 낯섦'―사람의 인간성―이 나타난 것은 존재의 전복입니다. 이 전복은, 존재가 갱신되고 회복된다 하더라도 유의미합니다.

네모　　타인은 얼굴입니다. 하지만 또한 타인은 나에게 말하고, 나

2　　역주: 출애굽기 20:13.

는 그에게 말합니다. 인간의 대화 또한 선생님이 '전체성'이라고 부르는 것을 깨트리는 한 방식이 아닙니까?

레비나스　확실히 그런 방식입니다. 얼굴과 대화는 묶여 있습니다. 얼굴은 말을 합니다. 얼굴은 말하는데, 모든 대화를 가능하게 하고 시작하게 한다는 점에서 그렇습니다. 저는 타인과의 진정한 관계를 기술하기 위해 봄 개념을 일찍부터 거부했습니다. 그것은 대화이고, 더 정확하게는 응답 또는 책임이며, 이것이 곧 진정한 관계입니다.

네모　그러나 윤리적 관계가 앎 너머에 있기 때문에, 그리고 다른 한편으로 그 관계가 틀림없이 대화를 통해 가정되기 때문에, 대화 자체가 앎의 질서에 속하는 것이 아니라는 말인가요?

레비나스　저는 언제나 실제로 대화에서 **말함**과 **말해진 것**을 구별해 왔습니다. **말함**이 **말해진 것**을 담아내야 한다는 점은, 법, 제도, 사회적 관계를 통해 어떤 사회를 강요하는 질서와 동일한 것의 필연성입니다. 그런데 **말함**은 얼굴 앞에서 내가 단순히 얼굴을 관조하는 것이 아니라, 얼굴에 응답한다는 사실이기도 합니다. 말함은 타인에게 인사를 건네는 방식이지만, 타인에게 인사를 건네는 것 자체가 이미 타인에게 응답하는 것입니다. 누군가의 현전 속에서 침묵하기란 어려운 법입니다. 이 어려움은 말해진 것이 무엇이든지 간에, 말함의 고유한 이 의미작용 속에 그 궁극적 토대가 있습니다. 우리는 분명 어떤 것에 대해, 비가 오는지 해가 나는지에 대해 말하는데, 어떤 말이든지 누군가에게 말해야 하고 누군가에게 응답해야 (répondre) 하며, 그에 앞서 그 누군가에 대해 책임져야(répondre) 합니다.

네모　선생님은 타인의 얼굴 안에 '상승'(élévation)과 '높음'(hauteur)이 있다고 말하셨습니다. 타인이 나보다 높이 있다는 말은 무슨 뜻으로 하신 것인지요?

레비나스　"살인하지 말라"는 얼굴의 첫 번째 말입니다. 또는 명령입니다. 얼굴의 나타남에는 마치 주인이 내게 말하는 것과 같은 명령이 있습니다. 그렇지만 동시에 타인의 얼굴은 벗은 채로 있습니다. 그는 내가 그를 위해 모든 것을 할 수 있고 모든 것을 해야 하는 가난한 자입니다. 그리고 내가 누구이건, '첫 번째 사람'으로서, 나는 부름에 응답하기 위한 자원을 발견한 사람입니다.[3]

3　역주: '상승' 및 '높음'에 관한 네모의 물음에 대해 레비나스는 매우 간결한 답변을 제시했다. 특별히 타인의 얼굴의 '높음'에 관해서는 그것이 윤리적 명령이라는 윤리적 언어를 부과한다는 점에서 여기서의 레비나스의 답변의 의미를 이해할 수 있겠으나 뜬금없이 "가난한 자"라는 말을 제시한 것은 이해하기 어려운 대목이다. 그런데 비슷한 주제에 관한 조금 더 명확하고 상세한 답변이 리처드 카

네모 어떤 사람들은 선생님께 이렇게 말하고 싶어 합니다. '그렇죠, 어떤 경우에는⋯. 하지만 다른 경우에 타인과의 만남은 정반대로 폭력, 증오, 경멸의 방식으로 일어난다고요.'

레비나스 확실히 그렇습니다. 하지만 저는 이러한 전도(顚倒)를 설명하는 동기가 무엇이든지 간에, 타인에 대한 지배와 타인의 빈곤함, 나의 복종과 나의 부요함과 더불어서, 제가 지금 한 얼굴에 대한 분석이 우선이라고 생각합니다. 그것이 모든 인간관계에 전제된 것이니까요. 만일 그렇지 않다면, 우리는 열린 문 앞에서 "선생님, 먼저 가시지요!"(Après vous, Monsieur!)라는 말도 할 수 없을 것입니다. 제가 기술하려 했던 것은 "선생님, 먼저 가시지요!"의 원형입니다.[4]

니(Richard Kearney)와의 인터뷰에서 나왔다. 여기서 레비나스는 존재론적으로 가난하다는 점에서 타자는 낮은 자이지만 윤리적으로 부유하다는 의미에서 나보다 높고, 나에 앞서는 자라고 설명한다. "결과적으로, 타자는 가장 부유한 자이면서 가장 가난한 존재자입니다. 가장 부유한 자라는 것은 윤리적 차원에서 그렇다는 것인데, 언제나 나보다 먼저 도래하고 타자의 존재-에의-권리가 나의 권리에 앞선다는 점에서 그렇습니다. 또한 존재론적 차원이나 정치적 차원에서 가장 가난하다는 것은 내 안에서 그리고 나 없이 타자는 아무것도 할 수 없고 전적으로 상처받을 수 있는 자로 노출되어 있다는 점 때문입니다. 타자는 우리의 존재론적 존재를 계속 괴롭히고 우리의 영이 경계를 늦추지 않는 불면의 상태로 깨어 있게 합니다." Richard Kearney and Emmanuel Levinas, "Emmanuel Levinas: Ethics of the Infinite," in *Debates in Continental Philosophy: Conversation with Contemporary Thinkers*, ed. Richard Kearney (New York: Fordham University Press: 2004), 78-79.

4 역주: 이와 유사하게 레비나스가 강조하는 말이 바로 '안녕하세요.'(bonjour)다.

당신은 증오의 정념에 관해 말했습니다. 저는 다음과 같은 훨씬 더 심각한 반대를 걱정했습니다. '어째서 우리가 처벌하고 억제할 수 있다는 것인가? 어째서 정의가 있다는 것인가?' 저는 법을 조건 짓고 정의를 수립하는 타인 곁에 있는 제삼자(tiers)의 현전 및 다양한 사람들이 있다는 사실을 답변으로 제시합니다. 만일 나와 타자만 있다면, 그 타자에게 모든 것을 해야 합니다. 하지만 또 다른 누군가가 있습니다. 나는 내 이웃이 또 다른 누군가와 관련하여 어떤 사람인지 알고 있습니까? 나는 또 다른 누군가가 내 이웃과 이해관계가 있는지, 아니면 이웃의 피해자인지 알고 있습니까? 누가 내 이웃입니까? 결과적으로 비교할 수 없는 것을 비교함으로써 저울질하고, 생각하고, 판단하는 일이 필요합니다. 내가 타인과 함께 수립한 상호인격적 관계를, 나는 또 다른 사람들과도 수립해야 합니다. 따라서 타인에 대한 이런 특권을 완화해야 할 필요가 있습니다. 이로부터 정의가 도래합니다. 불가피하게 제도를 통해 행사되는 정의는 언제나 처음의 상호인격적 관계를 따라 점검되어야 합니다.

"[누군가에게 건네는] 첫 번째 말이 안녕하세요입니다! 그저 안녕하세요! … 안녕하세요는 다른 사람에 대한 축복과 개방성으로서의 말이 아닐까요? 이것은 여전히 다음과 같은 것을 뜻합니다. 좋은 하루(belle journée)를 기원하는 것. 또 이는 다음과 같은 것을 표현하지요. 곧 내가 당신의 평화를, 당신의 좋은 하루를 염원하는 것이며, 타인에 대한 염려를 표현합니다. 그것은 남아 있는 다른 소통 전부를, 다른 모든 대화를 가져옵니다." François Poirié, "Entretiens: Emmanuel Lévinas/François Poirié," in *Emmanuel Lévinas: Qui êtes-vous?* (Lyon: La manufacture, 1987), 92.

네모 그렇다면 여기서, 선생님의 형이상학에서 중대한 경험은 중립의 존재론, 도덕 없는 존재론인 하이데거의 존재론으로부터 벗어나는 게 가능하게 하는 경험입니다. 선생님이 '윤리학'을 구축한 것은 이런 윤리적 경험을 기초로 한 것입니까? 왜냐하면 윤리는 규범으로 이루어져 있으니까요. 이런 규범들이 반드시 수립되어야 합니까?

레비나스 저의 과제는 윤리를 구축하는 것으로 이루어져 있지 않습니다. 다만 저는 그 의미를 찾고자 합니다. 저는 어떤 철학도 프로그램화되어야 한다고 생각하지 않습니다. 철학의 프로그램에 관한 이념을 대두시킨 이는 그 누구보다도 후설이었습니다. 분명 제가 지금 말한 것을 기반 삼아 윤리를 구축할 수도 있겠지만, 그것은 제 고유의 주제가 아닙니다.

네모 이렇게 얼굴에서 윤리를 발견하는 것이 어떻게 전체성의 철학들과 단절되는 것인지 명확하게 말씀해 주실 수 있는지요?

레비나스 철학이 추구했거나, 약속했거나, 권했던 절대적 지식은 같은 것(l'Egal)에 관한 사유입니다. 존재는 진리 안에 포용됩니다. 비록 진리가 결코 결정적인 것으로 여겨지지 않더라도, [절대적 지식에는] 더 완전하고 충분한 진리에 대한 약속이 있습니다. 우리라는 유한한 존재가 결국 지식의 과제를 완성할 수 없다는 점에는 의심의 여지가 없습니다. 그런데 이 과제가 성취되는 한도 내에서, 이 지식의 과제는 타자를 동일자로 만드는 것으로 이루어져 있습니다. 반면에 무한의 관념은 같지 않은 것에 대한 사유를 함축합니다. 나는 데카르트적인 무한의 관념에서 출발하는데, 여기서 이 관념의 **대상**(*ideatum*), 다시 말해 이 관념이 지향하는 것은 우리가 이 관념의 대상에 대해 생각하는 바로 그 행위보다 무한히 더 큽니다. 그런 행위와 그런 행위가 접근하는 것 사이에는 불균형이 있습니다. 데카르트에게 이것은 신 존재 증명 중 하나에 해당합니다. 사유는 사유를 능가하는 무언가를 만들어 낼 수 없습니다. 이 무언가가 우리 안에 집어넣어졌어야 합니다.[5] 따라서 우리는 무한의 관념을 우리

---

5 역주: "그러므로 이제 나는 지금 존재하고 있는 나를 조금 뒤에도 존재하게 할 수 있는 힘을 갖고 있는지 자문해야 한다. 그런데 나는 다름 아닌 사유하는 것이기 때문에, 혹은 적어도 지금은 사유하는 것인 나에 대해서만 말하고 있기 때문에, 만일 그런 힘이 내 안에 있었다면 나는 분명히 그것을 의식했을 것이다. 그러나 그런 힘이 내 안에 있지 않다는 것을 나는 경험하고 있으며, 바로 이로부터 나는 나와 다른 어떤 존재자에 의존되어 있음을 아주 분명히 알게 된다. … 그러나 앞에서 말했듯이, 원인 속에는 결과 속에 있는 것과 적어도 동등한 정도의 실재성이 있어야 한다는 것은 아주 분명하다. 따라서 나는 사유하는 것이고, 또 신의 관념을 갖고 있으므로, 내 원인으로 간주될 수 있는 것은 사유하는 것이어야 하고, 또 신이 갖고 있는 모든 완전성의 관념을 지니고 있어야 한다. 그렇다면 이제 다시 이 원인이 자신에게서 유래하는 것인지, 아니면 다른 것에서 유래하는 것인지 물어보자. 만일 그것이 자신에게서 유래한다면, 앞에서 말했듯이 그 자신이 신임이 틀림없다. 왜냐하면 그것이 스스로 현존하는 힘을 갖고 있다면, 그것은 의심의 여지없이 모든 완전성을—신에게는 이것들의 관념이 있다—즉 내가 신 안에 있다고 파악하는 모든 것들을 현실적으로 소유하는 힘도 분명히 갖고 있을 것이기 때문이다." René Descartes, *Meditationes de prima philosophia*

에게 집어넣은 무한한 신을 인정해야 합니다. 하지만 여기서 저의 관심을 끄는 것은 데카르트가 추구한 증명이 아닙니다. 저는 여기서 그가 "객관적 실재성"과 "형상적 실재성"이라고 부른 것 사이의 이러한 불균형의 놀라움에 대해, 나에게 '넣어진' 관념의 바로 그런 역설―반 그리스적인―의 놀라움에 대해 생각하고 있습니다. 관념을 사유에서 아직 발견되지 않은 상태에서 우리의 사유 속에 **집어넣는다**는 것은 불가능하다고 소크라테스가 이미 우리에게 가르쳐 주었지만 말이죠.

그러나 제가 그 접근을 기술한 것처럼, 얼굴에는 그 행위에서 이어지는 것에 의해서 동일하게 그 행위를 초월하는 것이 일어납니다. 얼굴에 접근하는 것에는 또한 확실히 신에 대한 관념에 접근하는 것이 있습니다. 데카르트에게 무한의 관념은 이론적 관념, 관조, 지식으로 남아 있습니다. 저는 제 입장에서 무한과의 관계가 지식이 아니라 욕망이라고 생각합니다. 저는 욕망이 충족될 수 없다는 사실을 통해 욕망과 욕구의 차이를 기술하려고 했습니다. 욕망이 어떤 점에서는 스스로 굶주림을 채우고 그 만족감이 욕망을 키운다는 점, 욕망은 사유가 그것의 생각함 이상으로 생각하는 사유 또

(1641), in *Œuvres de Descartes*, Vol. 7, éds. Ch. Adam & P. Tannery (Paris: J. Vrin, 1983), 49-50. 국역본:『성찰』, 양진호 옮김(서울: 책세상, 2011), 78-79. 또한 데카르트는 이렇게 말한다. "이제 검토될 것은, 내가 어떻게 신의 관념을 받았는가 하는 점이다. … 이 관념은 또한 … 내가 만들어 낸 것이 아니다. … 예술가가 자신의 작품에 표식을 해 놓듯이, 신이 나를 창조할 때 내 안에 그 관념을 심어 놓았다는 것은 전혀 이상한 일이 아니다." Descartes, *Meditationes de prima philosophia*, 51;『성찰』, 80.

는 사유가 생각하고 있는 것 그 이상을 생각하는 사유와 같다는 점을 통해서 말이죠. 그것은 분명 역설적 구조이지만, 유한한 작용 속에서의 이 무한의 현전과 다를 바 없는 구조입니다.

8. 타인에 대한 책임

네모　선생님의 주요 저술 가운데 가장 나중에 출간된 『존재와 다르게 또는 존재사건 저편』에서,[1] 선생님은 도덕적 책임에 관해 이

1　역주: 『존재와 다르게 또는 존재사건 저편』(*Autrement qu'être ou au-delà de l'essence*)의 우리말 번역본은 이 책의 제목을 『존재와 다르게: 본질의 저편』으로 번역했다. 본질(essence)이란 번역어는 분명 정확한 것이긴 하지만 여기서 굳이 '존재사건'으로 번역한 것은 해당 명사가 가진 동사적 활용 때문이다. 레비나스는 서양철학에서—특별히 하이데거로 대표되는 존재론에서—essence가 *esse*(존재)의 운동, 즉 존재가 일으키는 사건적 성격을 함축한다고 본다. 이런 점에서 레비나스는 '존재성' 정도로 번역될 수 있는 essance란 말을 선호한다. 실제로 그의 강의록에서는 이런 표현이 자주 보인다(한 예로 다음을 참조하라. Levinas, "La mort et le temps," in *Dieu, la Mort et le Temps*, 15-16; 「죽음과 시간」, 『신, 죽음 그리고 시간』, 17-18). 다만 레비나스는 essance란 말이 접미어 -ance의 용법상, 이 -ance가 동사의 어간에 붙어서 어떤 작용, 또는 행위의 결과를 나타내는 추상명사로 보이게 한다는 점에서 굳이 그렇게 쓰지 않고, essence란 말을 사용할 뿐이다. 다시 말해 레비나스의 essence는 존재의 일어남, 존재사건의 나타남을 의미하는 말이기에 '본질'이 아닌 '존재사건'으로 번역했다. 레비나스는 이 주제를 아예 "예비적 주석"이라는 장을 따로 할애해서 다룬다. "*essence*라는 용어는 **존재자**(*etant*)와 다른 **존재**(*esse*), 곧 독일어 *Seiendes*와 구별되는 *Sein*, 라틴

야기합니다. 후설이 이미 책임에 대해 말하긴 했지만, 그것은 진리에 대한 책임이었습니다. 하이데거는 본래성에 대해 말했습니다. 선생님 자신이 의미하시는 책임은 어떤 것인지요?

레비나스   이 책에서 저는 책임을 주체성의 본질적인 구조, 제일의 근본 구조라고 말합니다. 왜냐하면 저는 윤리적인 면에서 주체성을 기술하기 때문입니다. 여기서 윤리는 어떤 선행하는 실존론적 기초에 덧붙여진 것이 아닙니다. 책임으로 이해되는 윤리 안에서 주체적인 것의 매듭이 지어집니다.

저는 책임을 타인에 대한 책임으로 이해합니다. 따라서 나의 행위가 아닌 것에 대한 책임으로, 혹은 심지어 나와 무관한 것에 대한 책임으로 이해합니다. 정확히 나를 주시하는 이는 나에게 얼굴로 다가옵니다.

네모   그의 얼굴에서 타인을 발견했을 때, 우리는 어떻게 그에 대한 책임이 있다는 것을 발견하게 되나요?

어의 스콜라적 의미의 *ens*와 구별되는 *esse*를 표현한다. 우리는 essance가 *antia* 내지 *entia*에서 유래한 접미사 *ance*가 행위에 대한 추상명사를 야기하는 것이라는 언어의 역사를 요청할 수 있다는 점에서 그 말을 감히 쓸 엄두를 내지 못했다. 우리는 본질이라는 용어와 그 파생어를 전통적인 방식으로 사용하는 일을 조심스레 피해 가야 할 것이다." Emmanuel Levinas, *Autrement qu'être ou au-delà de l'essence* (La haye: Martinus Nijhoff, 1974), IX. 국역본:『존재와 다르게: 본질의 저편』, 김연숙·박한표 옮김(서울: 인간사랑, 2010), 11.

레비나스　얼굴을 긍정적으로 기술하면서, 그리고 순전히 부정적이지는 않은 방식으로 기술하면서 발견합니다. 당신은 우리가 말한 것을 기억할 것입니다. 얼굴에 다가간다는 것은 순수하고 단순한 지각의 질서에 대한 것이 아니고, 충전성^{充全性}을 향해 가는 지향성에 대한 것도 아닙니다. 긍정적으로, 우리는 타인이 나를 보자마자, 그에 대해 책임져야 할 것이 없더라도, 그에 대한 책임이 있다고 말할 것입니다. 그 책임은 **나에게 지워진** 것입니다. 그것은 내가 하고 있는 것을 넘어선 책임입니다. 보통, 우리는 자기 스스로 행한 일에 대해 책임을 집니다. 저는 『존재와 다르게』에서, 책임이 애당초 **타인에 대한** 것이라고 말했습니다. 이는 나에게 그의 책임 자체에 대한 책임이 있음을 의미합니다.

네모　타인에 대한 이러한 책임은 주체성의 구조를 어떤 식으로 정의하는지요?

레비나스　실제로 책임이란, 마치 윤리적 관계 이전에 이미 그 자체로 존재한 것인 양하는 주체성의 단순한 속성이 아닙니다. 주체성은 자기를 위한 것이 아닙니다. 다시 한번 말하지만, 애당초 타자를 위한 것입니다. 그 책에서 타인의 근접성(proximité)은, 타인이 나와 공간적으로 가깝다거나 부모처럼 가깝다는 게 아니라, 나 자신이 그에게 책임이 있다고 느끼는 한―내가 그에게 책임이 있는 한―

그가 나에게 본질적으로 다가온다는 사실로 제시되어 있습니다. 그것은 인식에서 우리가 대상에—그 대상이 무엇이든, 인간 대상이더라도—결부되는 지향적 관계와 전혀 닮지 않은 구조입니다. 근접성은 이러한 지향성으로 되돌아가지 않습니다. 특히 타인이 나에게 인식된다는 사실로 되돌아가지 않습니다.

네모 나는 어떤 이를 완전하게 알 수 있지만, 이 인식은 결코 그 자체로 근접성이 되지 않을 것이라는 말인가요?

레비나스 네. 타인과의 유대는 오로지 책임으로만 맺어집니다. 더 나아가 그것이 받아들여지든 거부되든, 그것을 어떻게 상정해야 할지 알든 모르든, 타인에 대해 구체적인 무언가를 할 수 있든 없든 간에, 책임으로 맺어집니다. '내가 여기 있습니다'라고 말하는 것.[2] 타인을 위해 무언가를 하는 것. 주는 것. 인간의 영이 되는 것. 이런 것들이 그것입니다. 인간 주체성의 구현은 그 영성을 보장합니다(저는 천사들이 다른 누군가에게 무엇을 줄 수 있는지, 또는 그들이 다른 누군가를 어떻게 도울 수 있는지는 알지 못합니다). 모든 대화(dialogue) 이전에 섬김(dia-conie)이 있습니다.[3] 저는 마치 타인과 근접해 있

---

2   역주: 창세기 22:1, 출애굽기 3:4, 이사야 6:8. 반대로 아담은 "네가 어디 있느냐?" 라는 물음을 듣자 자신을 숨기고 책임을 타인에게 전가한다(창세기 3:9-12).

3   역주: 고대 그리스어 διακονία(*diakonia*)에서 유래한 이 말을 레비나스는 dia-conie

는 중에—내가 타인에 대해 형성한 이미지를 넘어서—타인의 얼굴이, 타인 안에 표현된 것이(그리고 이런 점에서 대체로 얼굴인 인간의 몸 전체가) 타인을 섬기도록 내게 명령하는 듯이, 사람-사이의(inter-humaine) 관계를 분석합니다. 저는 이런 극단적인 공식을 도입합니다. 얼굴이 나에게 요구하고 명령합니다. 그것의 의미는 기의적 명령입니다. 정확히 말해서, 얼굴이 나와 관련하여 명령을 표한다(signifie)면, 그것은 기호(signe)가 그 기의(signifié)를 표하는 방식이 아닙니다. 이 명령은 얼굴의 의미작용 자체입니다.

네모　선생님은 '그가 나에게 요구한다'와 '그가 나에게 명령한다'를 동시에 말하고 있습니다. 여기에 모순은 없습니까?

네모　어떤 사람이 '누군가 당신에게 요구합니다'라고 말할 때처럼, 누군가 명령한 바를 다른 누군가에게 요구하듯이, 얼굴은 그렇게

로 쓰고 있다. 섬김이란 번역어는 저 단어를 둘로 나눈 레비나스의 의도를 잘 살리지 못하는 것 같다. 왜냐하면 프랑스어에서 'dia-'라는 접두어는 횡단, 분리, 구별 등의 의미를 함축하고 있고, 레비나스는 타인에 대한 책임에서 주체와 타자의 분리를 전제하기 때문이다. 그런 점에서 섬김이란 번역어는 주체가 타자를 섬기는 책임에 대한 의미는 살리지만 분리의 의미는 드러내지 못한다. 이 dia와 더불어 'konia'라는 말도 재나 먼지를 뜻한다는 점을 염두에 두면 좋을 것 같다. 말하자면, 분리된 자로서 타인을 위해 먼지나 재가 되는 것, 이것이 레비나스가 해당 용어를 쓰면서 암시하는 바이다. 실제로 레비나스는 아브라함을 거론하며 먼지와 재에 대한 언급을 한 바 있다.

나에게 요구합니다.

네모 그런데 타인도 나에 대해 책임이 있지 않습니까?

레비나스 아마 그렇겠지만, 그것은 그의 일입니다. 우리가 아직 이야기하지 않은 『전체성과 무한』의 근본 주제 중 하나는 상호주관적 관계가 비-대칭적(non-symétrique) 관계라는 점입니다. 그런 의미에서 나는 상호 반응을 기다리지 않고, 내 목숨을 대가로 치르는 손해를 보더라도, 타인에 대해 책임이 있습니다. 상호 반응은 그의 일입니다. 이것이 바로, 타인과 나 사이의 관계가 상호적이지 않은 점을 고려한다면, 내가 타인에게 예속(sujétion)된다는 것입니다. 그리고 본질적으로 이런 의미에서 나는 '주체'(sujet)입니다. 내가 모든 것을 지탱하는(supporte) 자입니다. 당신은 도스토예프스키의 이 문구를 알 것입니다. **"우리는 모든 것에 대해 모든 이 앞에서 모두에 대해 죄가 있고, 나는 다른 이들보다 더 죄가 많다."**[4] 이는 실제로 나의

---

4   Fédor Dostoïevski, *Les Prères Karamazov* (Paris: La Pléïade, 1965), 310.
역주: 레비나스는 여러 곳에서 이 문구를 자주 인용한다. 이는 『카라마조프가의 형제들』 2부 6편 "러시아의 수도승" 3장 "조시마 장로의 담화와 가르침" 중 다음과 같은 대목에 나오는 말이다. "자신을 진심으로 모든 것과 모든 사람에 대해 책임이 있는 사람으로 만드는 순간, 그대는 곧바로 그것이 실제로도 그러하며 **당신이 바로 모든 사람과 모든 일에 대하여 죄가 있는 그 사람이다.**" 레비나스가 인용한 부분은 굵은 글씨로 표기했고, 이 부분의 러시아어 원문을 우리말로 번역해 주신 신영선 박사님께 특별한 감사의 말을 전한다. 굵은 글씨 앞부분의 번역

것인 이런저런 죄책 때문이 아니며, 혹은 내가 범했을 잘못 때문이 아닙니다. 다만 다른 모든 이에 대해 응답하고, 다른 이들 안의 모든 것에 응답하고, 심지어 그들의 책임에까지 응답하는 총체적 책임이 내게 있기 때문입니다. 나라는 것(le moi)에는 언제나 다른 모든 이보다 책임이 하나 더 있습니다.

네모 그렇다면 다른 이들이 그들이 해야 할 바를 하지 않으면 내 탓이란 말입니까?

레비나스 저는 어떤 기회에 어디선가, 나는 내가 겪는 박해에 책임이 있다고 말한 일이 있습니다—저는 이 말을 인용하는 것을 좋아하지 않는데, 왜냐하면 다른 고려 사항들로 보충되어야 하는 말이기 때문입니다. 그러나 오직 나만 그렇습니다! 내 '이웃'이나 '나의 사람들'은 이미 타자이고, 그들을 위해, 나는 정의를 요구합니다.

네모 그렇게까지 나아가시는군요!

레비나스 왜냐하면 나는 타인의 책임에 대해서도 책임이 있기 때

문은 다음을 인용했다. 『카라마조프가의 형제들 2』, 김희숙 옮김(서울: 문학동네, 2018), 86.

문입니다. 이는 극단적인 공식인데, 이 공식을 그 맥락과 따로 떼어 놓지 말아야 합니다. 구체적인 상황에서는 다른 많은 고려 사항이 개입되고 심지어 나를 위한 정의도 요구됩니다. 실질적으로 법률은 어떤 결과들을 배제합니다. 그런데 정의는 다른 사람에 대한 책임의 이념에 활기를 불어넣는 존재-사이에서-벗어남(dés-inter-essement)의 정신을 간직하는 경우에만 유의미합니다. 원리상 나는 '일인칭'(première personne)으로부터 나 자신을 빼내지 못합니다. 그것은 세계를 떠받칩니다. 주체성은 타인에 대해 책임짐이 자신에게 돌아오는 바로 그런 움직임으로 스스로를 구성하면서, 타인을 대신^{대속}(substitution)하는 데까지 갑니다. 주체성은 볼모^{인질}(otage)의 조건―또는 비조건―을 떠맡습니다. 이러한 주체성은 애당초 볼모^{인질}이며, 타자를 대신하는 속죄에 이르기까지 응답합니다.

누군가는 이 유토피아적 개념에, 자아에 대한 비인간적 개념에 걸려 넘어지는 모습을 제시할 수도 있습니다. 그러나 인간의 인간성―참된 삶―은 부재합니다.[5] 역사적이고 객관적인 존재에서 인간성, 인간의 근원적 각성이나 깨어 있음에서 인간 심리, 주관적인 것의 돌파구 자체는 그 존재의 조건을 풀어 버리는 존재입니다. 즉 존재-사이에서-벗어남입니다. 이것이 제 책의 제목 『존재와 다르게』가 의미하는 바입니다. 존재론적 조건은 인간의 조건 내지 비조건에서 스스로를 풀어 버리거나 풀려 버립니다. 인간이 된다는 것

---

5   역주: 이는 아르튀르 랭보의 시 「지옥에서 보낸 한 철」(Une saison en enfer)의 한 구절이며, 『전체성과 무한』의 첫 장을 여는 말이다. "La vrai vie est absente."

은 마치 존재들 가운데 있는 존재가 아닌 것처럼 사는 것을 의미합니다. 마치 인간의 영성을 통해서 '존재와 다르게' 전도된 존재의 범주처럼 말이죠. 그저 '다르게 존재하는 것'은 아닙니다. 다르게 존재함도 여전히 존재함입니다. 존재와 다르게는 참으로 존재의 평온하지-않음이라는 사건, **존재-사이에서-벗어남**의 사건, 이 존재자의 존재(être) — 또는 이 *essement*[6] — 를 문제시하는 사건을 나타내는 동사를 갖지 않습니다.

타인을 지탱하고 타인을 책임지는 사람은 바로 나입니다. 이렇게 우리는 인간 주체에서, 완전히 예속됨과 동시에 나의 먼저 된 자됨(primo-géniture)이 스스로 드러나는 것을 봅니다. 나의 책임은 양도될 수 없으며, 아무도 나를 대신할 수 없습니다. 실제로 그것은 책임으로부터 시작하는 인간 자아의 동일성 자체를 말하는 문제입니다. 다시 말해, 자기의식 안에서 주권적인 자아의 이러한 정립 내지 탈정립에서, 정확하게는 타인에 대한 책임인 탈정립에서 시작하는 문제입니다. 책임은 오로지 나에게 지워지는 것, **인간적으로** 내가 거부할 수 없는 것입니다. 이 부담은 유일무이한 것에 대한 최상의 존엄입니다. 나 자신은 상호 교환이 불가능한 것이며, 그저 내가 책임을 지는 바로 그만큼만 나 자신일 뿐입니다. 나는 모두를 대신할 수 있지만, 아무도 나를 대신할 수는 없습니다. 이러한 것이 주체라는 양도 불가능한 나의 동일성입니다. 도스토예프스키는 정확히 이

6   역주: 이 장 각주1을 참조하라.

런 의미로 말한 것입니다. "우리는 모든 것에 대해, 모든 이 앞에서 모두에 대해 책임을 져야 하고, 나는 다른 이들보다 더 많은 책임을 집니다."

9. 증언의 영광

네모　윤리적 관계는 우리를 존재의 '고독'으로부터 벗어나게 합니다. 그런데 우리가 만일 더 이상 존재 가운데 있지 않다면, 우리는 오직 사회 안에만 있는 것입니까?

레비나스　이렇게 생각해 보시지요. 『전체성과 무한』이라는 제목으로 공표된 무한은 무엇이겠습니까? 저는 신이라는 말을 두려워하지 않습니다. 신이라는 단어는 제 논고에 매우 자주 등장합니다. 무한은 얼굴의 의미작용 안에서 내 관념에 도래합니다. 얼굴은 무한을 표시합니다. 그것은 결코 하나의 주제로 나타나지 않으며, 다만 윤리적 의미 그 자체로 나타납니다. 다시 말해 그것은 내가 더 정의로울수록 내가 더 책임 있다는 사실로 나타납니다. 우리는 절대 타인을 단념하지 못합니다. 우리는 결코 타인에 관해서 벗어나지 못합니다.

네모　채워질 수 없다는 점에서 윤리적 요구에 무한이 있다는 것인지요?

레비나스　그렇습니다. 그것은 성스러움^{거룩함}의 요구입니다. 어느 누구도 결코 다음과 같이 말할 수 없습니다. '저는 제 의무를 다했습니다. 위선적인 것만 빼고 말입니다…' 경계가 설정된 것을 넘어서는 열림이 있다는 것은 이런 의미에서입니다. 그러한 것이 무한의 현시(manifestation)입니다. 주어진 것과의 일치^{주어진 것에 대한 충전성일} 수 있는 '드러남'이라는 의미에서의 '현시'가 아닙니다. 오히려 무한과의 관계에서 고유한 것은 드러남이 아니라는 점입니다. 타인의 현전 가운데, '내가 여기 있습니다!' 하고 말할 때, 이 '내가 여기 있습니다'는 이를 통해 무한이 언어로 들어오는 장소가 됩니다만, 드러내기 위해 자신을 주는 것은 아닙니다. 그것은 애초부터 어떤 경우에도 주제화되지 않기 때문에, 나타나지도 않습니다. '보이지 않는 신'을 감각에 보이지 않는 신으로 이해해서는 안 되며, 사유 속에 주제화되지 않는 신으로 이해해야 합니다만, 그럼에도 주제화가 아닌 사유와, 아마 어떤 지향성조차 아닌 사유와 무관하지 않은 것으로 이해해야 합니다.

유대교 신비주의의 특이한 점 하나를 말씀드릴까 합니다. 고대 권위들에 의해 정해진 아주 오래된 몇몇 기도에서, 신자는 신에게 '너'라고 말하면서 시작하고, '그'라는 말로 시작되는 명제로 기도를 끝맺습니다. 마치 이렇게 '너'에게 다가가는 중에 '그'로의 초월이

돌연 발생한 것처럼 말이죠. 제 기술에서, 그것은 제가 무한의 '그 분임'(illéité)이라고 부른 것입니다. 따라서 타인에게 다가가는 '내가 여기 있습니다'에서, 무한은 자신을 보여 주지 않습니다. 그렇다면 어떻게 그것의 의미가 성립합니까? 저는 '내가 여기 있습니다'라고 말하는 주체가 무한을 **증언한다**(témoigne)고 말할 것입니다. 무한의 계시가 일어나는 것은 이 증언을 통해서이며, 그것의 진리는 표상이나 지각의 진리가 아닙니다. 무한의 영광이 **스스로** 영광스러워지는 것은 이 증언을 통해서입니다. '영광'(gloire)이라는 말은 관조(contemplation)의 언어에 속한 것이 아닙니다.

네모 그런데 잠시만요. 증언에서 누가, 무엇을, 누구를 증언합니까? 선생님이 말하신 증인 또는 예언자는 무엇을 봤으며, 무엇에 대한 증언을 형용해야 하는 것인가요?

레비나스 여기서 당신은 계속해서 그 증언을 지식과 주제화에 기초한 것으로 생각하고 있습니다. 제가 기술하려고 하는 증언 개념은 분명히 계시의 방식을 내포하고 있지만, 이 계시는 아무것도 **주지** 않습니다. 철학적인 말하기는 언제나 주제화로 귀결되는데…

네모 혹자는 선생님 자신은 왜 이 모든 것을 주제화하냐고 물어볼 수도 있습니다. 바로 이 지점에서 말이죠. 어떤 의미에서는 이 또한 증언하고자 함이 아닙니까?

레비나스 저 자신도 물론 이런 반박을 제시했습니다. 저는 어딘가에서 철학적인 **말함**에 대해 늘 철회되어야 하는 말함이라고 이야기했습니다. 심지어 저는 이런 철회를 적절한 철학 방식으로 삼아왔습니다. 저는 철학이 명명할 수 없는 것조차 명명하고 주제화할 수 없는 것을 주제화한다는 점에서, 철학이 앎이라는 점을 부정하지 않습니다. 그러나 대화의 범주이기를 그친 것에 **말해진 것**이라는 형태를 부여함으로써, 아마 이러한 단절의 흔적이 말해진 것 속에 각인될 것입니다.

윤리적 증언은 계시인데, 그것은 앎이 아닙니다. 그런데도 우리는 이런 방식으로, 무한에 대해, 신에 대해, 그 어떤 현전이나 현실성이 증언**할 수** 없는 것에 대해, 오직 '증언한다'고 말해야 합니다. 철학자들은 현재적 무한은 없다고 말했습니다. 무한의 '결함'으로 간주될 수 있는 것이 반대로 무한의 긍정적 특징—무한성 자체—입니다.

저는 『존재와 다르게 또는 존재사건 저편』에서 이렇게 쓴 바 있습니다. "주체, 혹은 동일자가 타자를 위해 있는 한 동일자 안의 타자는 어떤 주체도, 어떤 현재도 가능하지 않은 무한을 증언한다. 여기서 차이는 근접성이 더 가까워질 정도로 흡수된다. 그리고 차이는 바로 이 흡수를 통해서 영광스럽게 나를 드러내고(s'accuse) 언제나 한층 더 나를 비난한다(m'accuse). 여기서 동일자는 동일함을 지니면서 타자에 대해 점점 책임을 지는데, 영감^{영을 불어넣음}(inspiration)과 정신 현상(psychisme) 안에서 마침내 동일자가 타자로 뒤바뀌는 비일상적이고 통시적인 뒤바뀜과 동시에 발생하는 속죄 속에서, 볼모^{인질}로서 대리^{대속}하기까지 책임을 진다."[1] 저는 타자나 무한이 주체성 안에서 자신을 현시하는 이 방식이 바로 '영감^{영을 불어넣음}'의 현상이며, 결과적으로 정신적 요소를, 정신 현상에서 바로 영적인 것(le pneumatique)을 정의한다고 말하고 싶습니다.

네모 말하자면 성령(Esprit)과도 같군요. 그렇기 때문에 신(Dieu)이 보이지 않으면, 신에 대한 증언이 나오고, 신이 주제가 되지 않으면, 신이 증언됩니다.

레비나스 증인은 자기가 말한 것을 증언합니다. 왜냐하면 증인은 타인 앞에서 '내가 여기 있습니다!'라고 말했고, 타인 앞에서 자신에게 부과된 책임을 인정한다는 사실로부터 타인의 얼굴이 자신에게 의미하는 바를 나타냈다고 판명되기 때문입니다. 무한의 영광은 그것이 증인 안에서 할 수 있는 것을 통해 자신을 드러냅니다.

---

1   Levinas, *Autrement qu'être ou au-delà de l'essence*, 186-187; 『존재와 다르게: 본질의 저편』, 275.

네모 그러니까 삶이 오직 삶 자체를 원하고 존재 안에서 지속되기만을 명령하기에 비록 삶이 완전히 반대 방향으로 나아가는 것처럼 보이더라도, 대조적으로 '내가 여기 있습니다!'라고 말하는 것은 삶과 죽음보다 우월한 어떤 것을 현시하는 것이에, 그 사실 자체로 영광스럽다는…

레비나스 신의 영광이 바로 『존재와 다르게』입니다. "데카르트에게 무한의 관념은 사유에 담길 수 없는 것을 사유 안에 두는 것인데, 이것은 영광과 현재의 불균형을, 영감 그 자체인 불균형을 표현한다. 나의 수용력을 초과하는 무게 아래서, 행위와 상관관계가 있는 모든 수동성보다 더 수동적인 수동성 아래서, 나의 수동성이 '내가 여기 있습니다!'라는 말함에서 표출된다. 어떻게 보면 무한의 외재성은 증언의 신실함 속에서 내재성을 형성해 낸다."[2]

네모 무한은 알려질 수 없어서 흡수되는 것인가요?

레비나스 아니요. 무한은 명령합니다.

---

2   Levinas, *Autrement qu'être ou au-delà de l'essence*, 187; 『존재와 다르게』, 275.

네모 적어도 이런 점에서 무한은 외재적이지 않군요. 그것은 단호하게 접근해 왔습니다.

레비나스 정말 그렇습니다. 무한은 명령하는데, 이런 의미에서 내재적입니다. "내가 나를 그 또는 그것 앞에 두는 대화 상대로서나 표상으로서 나에게 영향을 미치지 않는 영광은 나의 입을 통해서 나에게 말하고 명령하는 가운데 영광스럽게 된다. 그러므로 내재성은 내 안 어딘가의 비밀스러운 장소가 아니다. 그것은 전복이며, 이 전복 속에서 현저하게 외재적인 것이, 정확히 이 현저한 외재성 덕분에, 내포되어서 결과적으로는 주제에 들어가는 이 불가능성 덕분에, 본질의 무한한 예외 덕분에, 나 자신의 목소리를 통해 나와 관련되며 나를 에워싸고 나에게 질서를 부여한다. 명령이 행사된다. 명령은 그것을 명령하는 그 입을 통해 행사된다. 무한히 외재적인 것은 내적인 목소리가 되지만, 타인에게 신호를 보내며 내적인 비밀의 균열을 증언하는 목소리가 된다. 이러한 신호의 주어짐 자체를 나타내는 신호. 구불구불한 길. 클로델(Claudel)은 『사탄의 비단구두』(*Soulier de Satin*)를 여는 제사(題辭)로 포르투갈 격언을 선택했는데, 이는 내가 지금 막 설명한 의미로 이해될 수 있다. '신은 구불구불한 선으로 반듯하게 쓴다.'"[3]

3 Levinas, *Autrement qu'être ou au-delà de l'essence*, 187; 『존재와 다르게』, 275-276.

10. 철학의 엄격함과 종교의 위안

네모 주제화한 지식으로 환원할 수 없는 증언에 관한 이런 주장에 예언주의(prophétisme)에 관한 간접적 정의가 있는 것은 아닌가요?

레비나스 예언주의는 정말로 계시의 근본 방식입니다—우리가 예언자로 부르는 이들의 은사, 재능 내지 특수한 소명이 내포하는 것보다 훨씬 더 넓은 의미로 예언주의를 이해한다는 조건에서 말이죠. 저는 예언주의를 인간의 조건 자체에 들어 있는 어떤 계기로 생각합니다. 타인에 대한 책임을 떠맡는다는 것은 모든 인간에 대하여 무한의 영광을 증언하는 방식이자 영감을 얻게 되는 방식입니다. 타인에게 응답하는 사람 안에 영감^{영을 불어넣음}이 있고, 예언주의가 있습니다. 역설적이게도, 타인이 구체적으로 요구한 것을 알기도 전에 말이죠. 율법에 **앞서는** 이 책임은 신의 계시입니다. 예언자 아모스의 텍스트에는 이런 말이 있습니다. "야훼께서 말씀하시기를, 누가 예언하지 않을 수 있겠느냐?"[1] 여기서 예언은 인간의 인간성의 근본 사실로 제시되는 것으로 보입니다. 그래서 예언은 무제한적인 윤리적 요구와 나란히, 예언이 텍스트와 책이 된 구체적인 형태 속에서 해석됩니다. 이 구체적인 형태 속에서 종교들이 형성되고, 사람들은 위로를 발견합니다. 하지만 이는 결코 제가 정의하려 했던 엄밀한 구조에 의문을 제기하는 것이 아닙니다. 다음에 무슨 이야기가 이어지든지 간에, 여기서 책임이 있고 우주를 떠받치는 이는 언제나 나(moi)입니다.

제가 지금 설명한 몇 가지 성찰과 관련하여, 한번은 메시아사상이 여전히 제게 의미 있는지 여부에 대한 질문을 받았습니다. 인류가 더 이상 폭력적이지 않으며, 인류가 존재의 껍질을 뚫고 나가며, 모든 것이 명확해지는 역사의 궁극적 단계에 대한 생각을 계속 가지고 있을 필요가 있는지 말이죠. 저는 메시아의 시대에 합당하려면, 심지어 메시아에 대한 약속이 없더라도 윤리가 의미 있음을 인정해야 한다고 답했습니다.

네모 실정 종교,[2] 또는 적어도 서구에서 인정하는 세 위대한, 그

---

1 아모스 3:8.

2 역주: 보통 실정성은 자연(본성)과 대조되는 사회적인 것, 역사적인 것을 의미한다. 실정 종교는 사회적으로 역사적으로 형성된 규범이나 의례가 집약된 종교를 뜻한다.

책의 종교들은 계시를 담고 있는 최종적으로 확정된 텍스트와의 관계에 의해 각각 규정됩니다. 그런데 선생님이 '증언'을 통해 일어나는 '계시'에 대해 말할 때, 종교적 진리의 또 다른 기원을 다름 아닌 현재 속에서 찾는 것처럼 보입니다.

레비나스　제가 여기서 말하는 것은 확실히 저에게만 해당합니다! 제가 이 물음에 답한 것은 이런 점들 때문입니다. 성서는 예언의 결과이며, 그 속에 윤리적 증언—저는 '경험'을 말하는 게 아닙니다—이 글의 형태로 모여 있다고 저는 확신합니다. 그런데 이것은 우리의 대담에서 설명한 타인에 대한 책임으로서의 인간의 인간성과 완벽하게 일치합니다. 현대의 역사 비평은 수 세기 전에 믿었던 것과는 달리, 여러 다양한 시기에 흩어져 있는 다수의 인물이 성서의 저자라는 점을 보여 주었지만, 그렇다고 이러한 확신에 변화가 생기는 것은 아닙니다. 왜냐하면 저는 언제나, 성서의 위대한 기적은 공통된 문헌적 기원에 있는 것이 아니라, 역으로 상이한 문헌들이 동일한 본질적 내용을 향해 합류하는 데 있다고 생각해 왔기 때문입니다. 이러한 합류의 기적은 유일한 저자라는 기적보다 더 큰 기적입니다. 그런데 이 합류의 중심은 윤리이며, 이것이 단연코 책 전체를 지배하고 있습니다.

네모　윤리적 인간이라면 언제 어디서든 글이나 말로, 경우에 따라

성서(une Bible)를 구성할 수도 있는 증언을 할 수 있다는 데까지 가시는 것 같은데요? 아니면, 서로 다른 전통에 속한 사람들 사이에, 또는 자신이 어떤 종교 전통에도 속해 있지 않다고 생각하는 사람들 사이에 공통의 성서라는 게 있을 수 있다는 데까지 가시는 것인가요?

레비나스   그럼요. 윤리적 진리는 공통적입니다. 성서 읽기는 다양하다 하더라도 그 다양성 가운데 각 사람이 성서에 제시한 것을 표현합니다. 주관적인 읽기 조건은 예언적인 것을 읽는 데 필수적입니다. 그러나 우리는 반드시 여기에 대결과 대화의 불가피성을 덧붙여야 하는데, 이로부터 전통을 소환하는 문제가 일어납니다. 이는 복종의 문제가 아니라 해석학의 문제입니다.

네모   이는 유대인과 그리스도인들이 같은 성서를 읽을 때 분명 동일하게 해당되는 점입니다. 하지만 제 물음은 그보다 더 나아간 것인데요. 그러니까 만일 무한의 영광을 드러내는^{계시하는} 것이 어떤 지식을 담고 있는 텍스트가 아니라 윤리적인 것에 대한 증언이라면, 대체 성서 고유의 특권은 무엇인가요? 플라톤을 하나의 성서로 읽거나, 인류가 무한에 대한 증언을 인식해 온 장소인 다른 위대한 텍스트를 하나의 성서로 읽을 수는 없는 것인지요?

레비나스　조금 전―지나가는 말로―인간을, 존재 안에서 일어나는 돌파구이자 **타자**에게 종속되는 존재들의 동일성 안에서 존재들의 오만한 독립성을 **의문시하는** 돌파구로 기술하면서, 저는 '깊이를 가늠할 수 없는 것'과 '내재성'의 유토피아적인 심원함을 내세우지 않았습니다. 저는 성서와 그 책에 대해 말했습니다. 저는 침이나 깃털이 자취를 남기며 문자로 새겨지기도 전에 이미 모든 언어에서 두터워져서, 하나의 구절처럼 굳어진, 그 책의 확고부동함에 대해 생각했습니다. 영혼 속에 쓰였다고 말하는 것은 먼저 책들 속에 쓰였습니다. 그 책의 위상은 자연이나 역사의 도구나 문화적 산물 가운데서 너무 빨리 하잘것없어졌습니다. 그 책의 문학은 존재 안에서 급격한 변화를 일으키는 것이지만, 내가 모르는 어떤 내밀한 목소리로 축소되지 않으며, '가치들'에 관한 규범적인 추상 관념으로 축소되지도 않습니다―우리가 있는 세계 자체가 가치들을 대상의 대상성_{사물의 객관성}으로 환원할 수 없는 세계입니다. 저는 인간의 얼굴이 모든 문학을 가로지르며 말을 한다―또는 웅얼거린다, 표정을 짓는다, 그 캐리커처와 싸운다―고 생각합니다. 수많은 끔찍한 일로 실추된 유럽중심주의의 종언에도 불구하고, 저는 그리스 문예(lettres)와 모든 것을 그리스 문예에 빚지고 있는 우리 문예에 나타난 얼굴의 탁월함을 신뢰합니다. 우리 역사가 우리를 부끄럽게 만드는 것도 바로 그 문예들 덕분입니다. 우리 문학, 호메로스(Homère)와 플라톤, 라신(Racine)과 빅토르 위고(Victor Hugo), 톨스토이나 아그논(Agnon)은 물론, 푸쉬킨, 도스토예프스키나 괴테

(Goethe)에는 성서(Écriture sainte)와 서로 공유하는 점이 있습니다. 하지만 저는 책 중의 책이 비교 불가능한 예언자적 탁월함을 지니고 있다고 확신합니다. 세계의 모든 문예가 그 책을 예비해 왔고 주해해 왔습니다. 성서는 초자연적 기원 내지 신성한 기원에 대한 교의적 이야기를 통해서가 아니라, 다른 사람이 어떤 표정을 짓거나 태도를 보이기에 앞서 성서가 조명하는 그의 얼굴 표현을 통해 의미를 나타냅니다. 그것은 우리 역사적 존재의 일상 세계의 염려가 불가피한 만큼 반박될 수 없는 표현입니다. 성서는 수 세기에 걸쳐 그 독자들 속에 불러일으킨 모든 것을 통해, 그리고 주해와 전승에서 수용된 모든 것을 통해 나에게 의미를 나타냅니다. 성서는 그 모든 **단절**^{급격한 변화}의 **엄중함을 명합니다.** 여기서 우리의 존재 안에 있는 현존재의 선한 양심에 의문이 제기됩니다. 그 안에 바로 성서의 성스러움^{거룩함}이 거하고 있습니다. 모든 성사적 의미(signification sacramentelle) 바깥에 말이죠. 이는 독특한 위치로, '아름다운 영혼들'의 꿈의 위치로 환원될 수 없습니다. 역사의 매듭은 다시 묶이지만, 그럼에도 위치를, 불고 찢는 이 위기의 바람―또는 내쉬고 단절시키는 이 영(esprit)³―이라 부를 수 있다면 말이죠.

네모 그러므로 무한에 다가서는 것은 모든 인간에게 본질적으로

---

3   역주: 고대 그리스어에서는 영($\pi\nu\varepsilon\tilde{\upsilon}\mu\alpha$)이 바람, 숨을 의미하기도 한다.

동일한 것입니다. 그런데, 특정한 종교들만이 인간에게 위로를 줍니다. 윤리적 요구는 보편적이지만, 위로는 가족의 일인가요?

레비나스   종교가 실제로 철학과 동일하지도 않고, 철학이 종교가 줄 수 있는 위안을 반드시 가져다주지도 않습니다. 예언과 윤리는 결코 종교의 위안을 배제하지 않습니다. 그러나 다시 반복하자면, 종교의 위안에 걸맞은 인간애(humanité)만이 종교 없이도 할 수 있는 인간애입니다.

네모   선생님의 가장 최근 작업에 대해 이야기해 보면 좋겠습니다. 요즘 선생님은 타인의 죽음에 대한 책임을 성찰함으로써, 타인에 대한 책임에 관한 선생님의 성찰을 확장하고 있습니다. 이는 무엇을 뜻하는지요?

레비나스   저는 궁극에 가서는 타인에 대한 책임 속에 타인의 죽음에 대한 책임이 있다고 생각합니다. 타자의 시선에 대한 직시는 탁월한 노출, 죽음에의 노출이 아닐까요? 곧게 선 얼굴은 '지근거리에서'(à bout portant) 죽음을 향하게 됩니다. 얼굴에서 요구로 말해지는 것은 분명 **주고 섬기라**는 부름—또는 주고 섬기라는 명령—을 의미하지만, 이를 포함하면서도 이를 넘어서 타인을 홀로 두지 말라는, 무정함에 직면하게 두지 말라는 명령입니다. 이는 아마 분명

사회성의 토대이고, **에로스** 없는 사랑의 토대입니다. 타자의 죽음을 향한 두려움은 확실히 타자에 대한 책임의 근간을 이룹니다.

그런 두려움(crainte)은 공포(peur)와는 다른 것입니다. 저는 이런 타자에 대한 공포 개념이 정서적으로 처해있음(affectivité)[4]—느낌(sentiments), 감정(emotion), **정서적으로 처해있음**(*Befindlichkeit*)—에 대한 하이데거의 명석한 분석과 대조를 이룬다고 생각합니다. 하이데거에 따르면, 모든 감정은 그가 이중적 지향성이라고 부른 것을 가지고 있습니다. 그것은 어떤 것 **앞에서의** 감정이며, 그리고 어떤 것을 **향한**^{위한} 감정입니다. 공포는 오싹하게 하는 것에 **대한** 공포이며, 또한 언제나 나를 **향한** 공포입니다. 하이데거는 독일어 동사에서 감정 표현이 항상 재귀적이라는 사실을 강조합니다. 프랑스어에서 동요하다(s'émouvoir), 오싹하다(s'effrayer), 슬프다(s'attrister) 등의 동사처럼 말이죠. 하이데거에 따르면 불안은 다음과 같이 **대한**과 **향한**이 동시에 일어나는 예외적인 감정입니다. 유한성에 **대한** 불안은 나의 유한성을 **향한** 불안인데, 이렇게 자기에게로 돌아가기 때문에 어떤 점에서 모든 감정은 불안으로 거슬러 올라갑니다. 그런데 타자에 대한 두려움(peur)[5]에는 이렇게 자기에게로 돌아감

---

4   역주: 이 말은 보통 '처해있음'이나 '정감성' 등으로 표현된다. 하이데거에게 이 말은 어떤 기분이나 정서에 사로잡혀 있으면서 세계 내의 어떤 상황에 처해짐을 의미한다. 2장 각주6 참조.

5   역주: 여기서 레비나스는 앞서 두려움(crainte)과 대비시킨 공포(peur)라는 말을 썼는데, 맥락상 앞에서 계속 언급한 두려움, 즉 나에게로 소급하지 않고 타자에 대한 책임으로 이끄는 정서를 의미하는 것 같기에 '두려움'으로 옮겼다.

이 없는 것처럼 보입니다. 신에 대한 두려움이라는 개념이 질투하는 신 관념에 관한 모든 언급에서 벗어나서 그 의미를 재발견하게 되는 것은 이러한 두려움을 통해서가 아닐까요?

네모 어떤 점에서 그렇습니까?

레비나스 존재-사이를-벗어난(dés-inter-essée) 두려움, 수줍음, 수치심…. 어떤 경우에도 형벌에 대한 두려움은 없습니다.

네모 그런데 만일 타인을 향해서는 두려워하고 자기 자신을 향해서는 두려워하지 않는다면, 살아갈 수나 있을까요?

레비나스 이것은 사실 궁극적으로 제기되어야 할 물음입니다. 나는 존재해야 합니까?[6] 존재함으로써, 존재 안에서 존속함으로써, 내가 [무언가를] 죽이지는 않습니까?

네모 확실히 생물학적 패러다임이 익숙해진 오늘날, 우리는 모든

6　역주: 이는 분명 하이데거의 현존재를 겨냥한 말일 것이다. 1장 역주2 참조.

종이 다른 종을 희생시킨 대가로 살고 있으며, 종 내부에서는 모든 개별자가 다른 개별자를 대체한다는 점을 잘 알고 있습니다. 우리는 죽이지 않고서는 살 수가 없습니다.

레비나스   사회가 사회로 기능하는 곳에서는, 죽이지 않고 살 수 없습니다. 또는 적어도 누군가의 죽음을 준비하지 않고 살 수는 없습니다. 따라서 존재의 의미에 관한 중요한 물음은 '왜 아무것도 없지 않고, 무언가가 존재하는가?'가 아닙니다—이는 하이데거가 수없이 해설한 라이프니츠의 물음입니다. 중요한 것은 '존재함으로써 나는 죽이고 있지 않은가?'라는 물음입니다.[7]

네모   다른 사람들이, 우리가 살해하지 않고서는 살 수 없음을, 또는 적어도 투쟁 없이 살 수 없음을 확인시켜 주는 이러한 관찰로부터 죽이는 것이 사실상 필연적이며 또한 폭력이 삶에 이바지하고 진화를 통제한다는 결론을 도출하더라도, 선생님은 이런 답변을 거부하시나요?

레비나스   존재 안에서 인간의 파열, 이 대담 과정에서 제가 말한

---

7   역주: 하이데거에게 삶의 의무가 곧 '존재해야만 함'이라는 존재의 의무라면, 레비나스에게 삶의 의무는 타인의 죽음을 염려하는 윤리적 의무라고 할 수 있을 것이다.

존재의 돌파구, 존재의 위기, 존재와 다르게, 이 모든 것은 정말 가장 자연스러운 것이 가장 문제가 된다는 사실로 나타납니다. 나에게는 존재하기 위한 권리가 있습니까? 세계 내 존재자로 있다는 것 자체가 누군가의 자리를 차지하고 있다는 것이 아닐까요? 존재 안에서의 소박하고 자연스러운 버팀이 문제가 됩니다!

네모 선생님은 『존재와 다르게』의 제사(題辭)로 파스칼의 문장을 인용했습니다. "'여기가 태양 아래 나의 자리다'라고 하는 것. 이것이 바로 세상의 찬탈의 시작이고 찬탈의 이미지다." 또한 "사람들은 할 수 있는 만큼 사욕을 사용하여 이를 공공의 이익에 이바지하게 만들었다. 하지만 그것은 그저 가장하는 것이고 사랑의 허상일 뿐이다. 왜냐하면 그 근본은 증오일 뿐이기 때문이다."[8]

그런데 혹시 선생님이 이 문제를 형이상학의 궁극적 문제 또는 제일의 문제로 인정하신다면, 선생님은 선생님 자신의 답변에 어떻게 충실하시겠습니까? 선생님은 선생님 자신에게 살 권리가 없다고까지 말씀하실 건가요?

---

[8] Blaise Pascal, *Pensées*, Br. 295, 451.
역주: 원서에서 인용된 『팡세』의 단장 번호는 브룅슈빅(Brunschvicg)판의 것이다. 이와 더불어 널리 사용되는 라퓌마(Lafuma)판과 셀리에(Sellier)판의 단편 번호도 함께 표기한다. 라퓌마판(1960): 112, 404; 라퓌마판(1963): 64, 210; 셀리에판(1976): 98, 243. 여기서는 라퓌마판(1963)을 저본으로 한 현미애 역본을 참고하였다. 『팡세』, 현미애 옮김(서울: 을유문화사, 2013), pp. 36, 121.

레비나스　저는 결코 자살이 이웃 사랑 및 참된 인간의 삶에서 비롯한다고 가르치고 싶지 않습니다. 제가 말하고 싶은 것은, 참된 인간의 삶은 삶과 존재의 동질성^{동질적 측면}으로 **만족**-된 삶에 머무를 수 없다는 것, 평온한 삶에 머무를 수 없다는 것, 참된 인간의 삶은 타자로 인해 깨어나는 삶, 즉 늘 미망에서 깨어나는 삶이라는 것, 존재는 결코―우리를 안심시켜 주는 수많은 전통이 말하는 것과는 반대로―그 존재함의 고유한 근거가 아니라는 것, 저 유명한 **존재를 보존하려는 노력**(*conatus essendi*)은 모든 권리와 모든 의미의 원천이 아니라는 것입니다.

해설

이 책은 에마뉘엘 레비나스의 *Éthique et infini: dialogues avec Philippe Nemo* (Paris: Fayard, 1982)를 번역한 것이다. 작업하면서 리처드 코헨(Richard Cohen)이 번역한 영역판과 양명수 선생님이 번역한 한국어판도 더러 참고했다. 본서는 여러 가지 이유에서 레비나스의 철학에 막 진입하려는 이들에게 추천할 만한 책이다. 이 책은 프랑스 공영 라디오 채널인 프랑스-문화를 통해 1981년 2월부터 3월 사이 송출된 방송 대담을 책으로 편집한 것이다. 라디오 방송의 특성상 원고가 구술 형태로 제작되었기 때문에 어려운 개념과 문장이 난무하는 레비나스의 다른 책에 비해 다소 쉽고 친숙한 언어로 그의 사상을 접할 수 있다. 이 책은 더군다나 철학자인 필립 네모가 레비나스의 주요 저술과 그의 삶 전반을 충분히 숙지한 상태로 핵심적인 질문을 던지고 이에 대해 레비나스가 성실하게 답변한 결과물로, 레비나스 사상 전반이 매우 충실하게 담겨 있다는 이점을 갖는다. 특별히 1981-1982년은 레비나스가 이미 노년에 접어든 시기로, 자신의 사유를 거의 원숙하게 정리한 때이기도 하다. 그래서 본서는 레비나스에 입문하는 용도로 가치가 있을 뿐아니라, 레비나스 말년의 정돈된 사유 전반을 회고적으로 쫓아가 볼 수 있다는 점에서 학술적으로도 매우 큰 가치를 가지며, 레비나스에 대한 여러 연구 문헌에 자주 인용된다. 이런 점에서 본서는 레비나스 철학을 처음 접하는 입문자만이 아니라 그의 사유의 여러 면모를 들여다보고자 하는 연구자도 꼭 읽어야 할 책이다.

이 책은 지난 2000년에 지금도 여러 훌륭한 연구와 번역으로 학계에 크게 기여하고 계신 양명수 선생님의 번역으로 다산글방 출판사를 통해 출간된 바 있다. 하지만 이 중요한 저서가 2011년경 절판된 후 거의 10년의 세월이 흐른 지금까지 재출간되지 않아 안타까운 마음을 갖던 차에 다시 간행할 수 있게 되었다. 이전 번역본은 이제는 구하기도 어려울뿐더러, 그 당시 레비나스 철학의 여러 주요 개념어에 대한 번역어가 온전히 정립되지 않았던 탓에, 지금으로서는 아쉬움이 있는 책이다. 또한 그 책은 분명 유려한 말로 번역되었지만, 의역이 많은 탓에 레비나스의 엄밀한 철학적 의도를 담아내기에는 다소 어려워 보이는 대목도 있다. 이에 나는 약간 조금 더 딱딱하더라도 철학적으로는 더 엄밀하게 번역하는 길을 택했다. 또한 여러 역주를 달아 독자들이 레비나스 철학의 맥락을 더 이해하기 좋게 하고자 했다. 하지만 아무리 대담 형태의 글이라도 원체 난해한 그의 철학이 무작정 알기 쉽게 전달되지는 않을 것 같다. 물론 역자가 지닌 언어적, 학문적 한계도 그런 난점을 일으킨 데 한몫했을 것이다.

이에 본 장에서는 독자들의 이해를 돕기 위해 안내의 글을 첨부한다. 이 해설은 우선 레비나스 철학의 입문자들이 더 쉽게 그의 사유에 들어설 수 있도록 그의 생애를 전반적으로 기술하고, 이미 국내에 출간된 그의 저술들을 간략하게 소개하는 형식을 취한다. 이를 통해 이 책을 읽은 다음 어떤 책을 읽어 나가면 좋을지 독자들에게 그림이 그려지면 좋겠다.

레비나스의 생애

에마뉘엘 레비나스는 1906년 1월 12일 리투아니아의 코우노(Kovno) ―지금의 카우나스(Kaunas)―에서 태어났다. 다소 유복한 유대인 가문에서 태어난 레비나스는 서점을 운영하던 아버지의 영향 탓에 어린 시절부터 책을 가까이 할 수 있었다. 그는 유대교 가정에서 따로 유대교 공부를 했는데, 유대인 가문에서 태어난 것이 유대교 교육을 받은 가장 큰 이유였겠으나 그 당시 리투아니아의 유대인들이 공공 교육의 혜택을 받을 수 없었던 것―당시 유럽에서 유대인에 대한 차별은 일상적인 것이었다―도 그런 교육을 받아야 했던 또 다른 배경임을 기억할 필요가 있다. 레비나스의 가족은 유대교 신비주의 전통을 계승하는 하시디즘(Hasidism)―마르틴 부버(Martin

Buber)와 아브라함 조슈아 헤셸(Abraham Joshua Heschel)이 이 계열에 속한다—에 반대하는 미트나게딤(Mitnagdim)에 속해 있었기에 레비나스 역시 기도와 전례, 의식보다는 토라와 탈무드에 대한 꼼꼼한 독해와 이해를 중요시하는 분위기에서 지적인 성장을 이루게 된다. 아버지는 레비나스에게 히브리어 가정교사까지 따로 붙여 주는 열의를 보였고, 이에 그는 히브리어와 성서 교육을 일찍부터 받을 수 있었다.

하지만 레비나스의 모어가 러시아어이고, 그가 러시아 문화권에서 태어났다는 사실을 잊지 말아야 한다. 그의 가정교사도 히브리어를 러시아어로 번역해서 가르치는 방식으로 레비나스를 교육했던 데서 보듯, 그리고 어린 시절에는 가족들과 성인이 되어서는 아내와 집에서 주로 러시아어로 대화를 나누었던 데서 보듯, 그가 가장 자연스럽게 쓸 수 있고 향유할 수 있는 언어와 문화는 바로 러시아의 것이었다. 이런 환경 속에서 그는 러시아 문학을 성서만큼이나 일찍, 또 깊이 읽게 되었다. 이런 맥락에서, 본서에도 언급되어 있듯이, 레비나스의 철학 연습은 철학 텍스트에 앞서 도스토예프스키나 푸쉬킨의 작품을 통해 삶의 의미를 성찰하는 데서부터 시작한다.

그런데 이렇게 러시아인이자 유대인으로 자란 레비나스가 학문적으로 철학의 길에 접어들게 해 준 곳은 프랑스와 독일이었다. 교육에 대한 열의가 높았던 레비나스의 어머니는 그에게 최상의 교육 환경을 제공해 주고 싶어 했고, 먼저 독일의 여러 대학을 알아보았다. 하지만 마리 안느 레스쿠레의 추측대로, "독일로 건너오는 새로운 유대인 이민자에 대한 거부감이 작용했기 때문이었을까?"[1] 레비나스는 독일로 가지 못하고, 1923년에 스트라스부르(Strasbourg)에 정착하게 된다. 잘 알려져 있다시피, 이 도시는 원래 독일 영토였으나 30년 전쟁의 전리품으로 프랑스로 넘어갔고, 그 이후 비스마르크(Otto Eduard Leopold von Bismarck)의 프랑스 침공으로 또 다시 전리품 형태로 독일에 넘어갔던 역사를 지닌 곳이다. 레비나스가 갔을 때는 다시 제1차 세계대전의 결과로 프랑스령이 된 상황이었다.

지금도 스트라스부르를 방문하면 확인할 수 있는 이례적인 분위기가 있다. 그것은 프랑스 도시인데도 독일 문화의 분위기가 물씬 풍긴다는 점이다. 독일 양식의 건물이 곳곳에 남아 있고, 표지판에는 프랑스어와 더불어 독일어가 병기되어 있으며, 독일 음식도 쉽사리 찾을 수 있다. 또한 독일의 유서 깊은 도시인 프라이부르크와 인접해 있는 탓에 이곳은 예전부터 독일의 문화를 가장 일찍 받아들이는 곳이기도 하다. 이런 지리적 여건은 당시 레비나스나 스트라스부르의 철학 연구에도 매우 큰 흔적을 남기는데, 당대 최고의 철학자인 후설과 하이데거가 모두 스트라스부르에 인접한 프라이부르크 대학교에 재직하고 있었기 때문이다. 이런 환경 속에서, 레비나스는 1924년부터 스트라스부르 대학교 철학과에서 공부하기 시작하는데, 여기서 모리스 프라딘이나 앙리 카르트롱과 같은 뛰

---

1 Marie-Anne Lescourret, *Emmanuel Levinas* (Paris: Flammarion, 1994), 51. 국역본: 『레비나스 평전』, 변광배 · 김모세 옮김(파주: 살림, 2006), 82.

어난 철학자들 밑에서 교육받으면서 다양한 철학 전통을 일찌감치 접할 수 있었다. 특별히 당시 유럽 전역에 선풍적인 관심을 끌고 있었던 독일의 현상학에 매료되어 있던 레비나스는, 1928년에 급기야 아예 후설이 가르치고 있던 프라이부르크 대학교로 수학하러 가는 결정을 내린다.

유복한 집안에서 재정적 지원을 받는 레비나스에게도 유학 생활을 견디기란 만만치 않은 일이었다. 비록 종교적 습속에는 별 관심을 두지 않았지만 같은 유대인인 후설은 프랑스에서 온 레비나스의 어려움을 잘 알고서 도움을 주었다. 군이 프랑스어를 레비나스에게서 배울 필요는 없었을 것 같은데, 후설은 그를 배려하여 부인과 함께 그에게 프랑스어를 배우고 얼마간의 사례를 지급한다. 레비나스는 나중에 이런 후설의 배려를 감사하는 마음으로 그를 추억한다.

레비나스는 1928년과 1929년 초 프라이부르크에 머물면서 후설의 상호주관성에 대한 강의를 직접 들을 수 있었고, 그러면서 후설에 대한 연구에 더 속도를 낼 수 있었다. 그런데 레비나스는 또 하나의 놀라운 경험을 하게 되는데, 바로 자신의 철학에 새로운 전기를 마련해 준 하이데거와의 만남이다. 살로몽 말카에 의하면, 레비나스는 당시의 감정을 이렇게 표현했다고 한다. "나는 후설을 보러 왔는데, 막상 하이데거를 보게 되었다."[2] 1927년에 나온 『존재와 시간』에 이미 심취해 있던 레비나스는 하이데거의 강의를 직접 들으

---

2 Salomon Malka, *Emmanuel Lévinas: La vie et la trace* (Paris: Albin Michel, 2002; 2005), 53.

면서 그의 현상학적 존재론의 진면목을 생생하게 체험하게 된다.

이런 하이데거와의 만남과 관련해서 한 가지 주목할 사건이 있다. 이 시기 레비나스는 1929년 스위스 다보스(Davos)에서 열린 다보스 포럼에 학생 신분으로 참여했는데, 여기서 그에게 중요한 경험으로 각인된 것이 있다. 이 포럼에서 에른스트 카시러(Ernst Cassirer)와 하이데거라는 독일 철학의 구세대와 신세대 사이의 토론을 직접 목도했던 데서 그는 자신이 당시 열광적으로 빠져 있었던 하이데거 철학의 어두운 그림자를 느끼게 된다. '인간이란 무엇인가?'라는 주제를 놓고 벌어진 논쟁에서, 레비나스가 보기에 "하이데거는 인간 존재자 안에서 근원을 찾았는데, 그 존재는 정확히 존재를 이해하는 데서, 또 그로부터 존재자의 존재가 의미를 획득하는 지점에서 나타난다"는 견해를 피력했다.[3] 이런 하이데거의 사유를 접하고서 레비나스는 그에 대한 의구심을 가졌지만, 당시에는 이를 더 충분히 반성하지 못했다고 고백한다. "당신은 그로부터 3년 후 하이데거가 나치에 가담한 것을 알고 있습니다. 우리는 다보스에서 이미 이것을 감지할 예언의 은사를 가졌어야 했습니다. … 저는 다보스에서 [카시러보다] 하이데거를 더 선호했다는 것에 대해 스스로 자책했습니다."[4]

이렇게 1929년을 마무리하면서, 레비나스는 이듬해 출간되는 『후설 현상학에서의 직관 이론』이라는 박사논문을 완성하게 되는

---

3 François Poirié, "Entretiens: Emmanuel Lévinas/François Poirié," in *Emmanuel Lévinas: Qui êtes-vous?* (Lyon: La manufacture, 1987), 77.

4 Poirié, "Entretiens: Emmanuel Lévinas/François Poirié," 78.

데, 여기서 레비나스는 하이데거의 시각에 입각하여 후설 현상학 전체를 분석하면서 그의 현상학의 주지주의적 특성을 비판적으로 검토한다. 이 책은 당시에도 높은 평가를 받았고, 그가 가브리엘 파이퍼와 함께 프랑스어로 번역한 후설의 『데카르트적 성찰』과 더불어 후설의 현상학을 프랑스에 처음으로 안착시키는 데 크게 기여한 작품으로 간주된다. 이런 점에서 장-뤽 마리옹이 현상학자로서의 레비나스를 기억하며 "이 사람이 제일 먼저 후설의 사유를 프랑스로 끌어들이지 않았는가?"라고 한 찬사는 결코 과장이 아니다.[5]

이처럼 20대 시절 이미 탁월한 업적을 내놓은 레비나스이긴 하지만, 대학에 자리를 잡을 수는 없었다. 오히려 그는 프랑스인과 유대인 간의 지적 교류를 꾀하는 기관인 세계이스라엘연맹(Alliance Israélite Universelle, AIU)에서 일하게 되면서, 이 기관이 설립한 동방이스라엘사범학교(École Normale Israelite Orientale, ENIO)의 행정 업무나 자습 감독 등을 맡게 된다. 당시 이미 박사학위도 취득한 상태였고 그 직후 프랑스 시민권도 받았지만, 교수 자리는 언감생심이었고, 1932년 라이사 레비(Raïssa Lévi)와 결혼한 이후에는 어떤 이유에서건 직업을 가져야 했던 상황이었기에, 그가 이 학교에서 일하게 된 것은 생계를 위한 어쩔 수 없는 선택이기도 했다. 또한 그때까지만 해도 유대인이 프랑스에서 학자로서 성공적인 경력

---

5 Jean-Luc Marion, *De surcroît: Études sur les phénomènes saturés* (Paris: Presses Universitaites de France, 2001), 17. 국역본: 『과잉에 관해서』, 김동규 옮김(서울: 그린비, 2020), 39.

을 쌓기란 쉬운 일이 아니었다. 더군다나 리투아니아에서 온 유대인이라면 더욱 그러했다. 심지어 이 연맹에서의 그의 지위도 처음에는 그리 탄탄하지 못했다. 레스쿠레의 말을 들어보면, 이 상황이 생생하게 와닿는다.

> 그런데 레비나스는 태어날 때부터 완전한 프랑스 사람이었던 유대인들과의 사회적 격차를 극복하지 못한 것으로 보인다. 프랑스계 유대인들은 유대인 학생이 받는 차별을 알지 못했고, 유대인이 사회로부터 배제당하지 않기 위해 지속적으로 해야만 하는 추가적인 노력 없이도 성공의 길로 갈 수 있었다. 하지만 레비나스는 오랫동안 배척의 대상이었다. 그는 배척당하고 따돌림당했으며, 그 자신의 표현을 따르면 연맹의 학교와 관련한 잡무를 담당하는 길로 '접어들었다.' 이 연맹에서 그는 여러 가지 일 가운데 지중해 연안 출신으로 그들의 기관에 지원하고자 하는 학생들과 나쁜 평가를 받은 교사들에게 편지를 쓰는 일에 종사했다. 그러면서 레비나스는 자신의 기본 책무와 타인들의 무력함을 덜어 주지 못하는 자신의 무력함 속에서도 어떤 의미를 찾으려 했다.[6]

이처럼 연구에 적합한 환경을 얻은 것도 아니고, 그렇다고 아주 편안하게 프랑스 출신 유대인들과 함께 유대 문화를 전파하는 일

---

6   Lescourret, *Emmanuel Levinas*, 99-100; 『레비나스 평전』, 147-148.

을 하게 된 것도 아니었지만, 레비나스는 생업에 계속 종사하면서도 철학 연구자로서의 끈을 놓지 않았다. 한 예로, 1934년에는 히틀러 정신의 폭력성을 비판한 『히틀러주의 철학에 대한 몇 가지 반성』(*Quelques réflexions sur la philosophie de l'hitlérisme*)을, 1935년에는 레비나스 자신의 고유한 사유를 담은 첫 텍스트인 『탈출에 관해서』(*De l'evasion*)를 발표한다.

이렇게 근근하게나마 학자로서의 삶을 살아가던 중에, 그의 삶만이 아니라 전 세계인들의 삶을 송두리째 뒤흔든 비극이 벌어졌으니, 그것은 다름 아닌 제2차 세계대전이다. 박사학위를 받고 이미 군복무를 마쳤던 레비나스였지만, 다시 전쟁 상황으로 인해 군대로 소집되어 러시아어 통역장교로 참전하게 된다. 그는 1940년 6월 16일 독일군의 렌느(Rennes) 점령 이후 곧 포로가 되고, 독일로 호송되어 11B포로수용소에 수용된다. 이때 레비나스는 유대인 신분이었지만 군인 포로였기 때문에 특별한(?) 대우를 받아 노역에 처해지고, 이것이 그가 전쟁에서 생존할 수 있었던 요인이 된다. "프랑스에서 몇 달 동안 억류된 후, 저는 독일로 이송되었습니다. 여기서 나는 유대인으로 등록되었지만 내 군복 때문에 강제로 추방된 사람들의 운명을 면하게 되었고, 다른 유대인들과 함께 특별한 대원으로 편성되었습니다. 빽빽하게 들어선 다른 모든 프랑스인과 분리되어 노동을 하긴 했지만, 보아하니 저는 전쟁 포로를 보호하는 제네바 협정의 득을 본 것 같습니다."[7]

레비나스는 군복 때문에 생존할 수 있었지만, 그의 부모와 형제들은 그렇지 못했다. 안타깝게도 그들 역시 불의하게 생명을 잃은 다른 수많은 유대인 중에 속해 있었다. 그 충격 때문인지, "이 사건에 대해 레비나스는 침묵을 지켰다. 그때부터 그는 한 사람의 생존자에 불과했다."[8] 반면 레비나스의 아내와 딸, 장모는 전쟁 중에 파리에 있었는데 친구들의 도움으로 살아남을 수 있었다. 이 시기 평생의 지기인 모리스 블랑쇼는 레비나스의 가족들을 위해 자신의 아파트를 내주고, 은신할 수 있는 수녀원을 물색해 주기도 했다.

이처럼 어렵사리 전쟁에서 살아남은 레비나스지만, 포로 생활당시 겪어야 했던 비인간적 대우까지 피할 방도는 없었고, 이는 그에게 일종의 트라우마로 남게 된다. 사람 취급을 받을 수 없었던 포로 시절의 기억을 레비나스는 다음과 같은 적나라한 표현으로 전달한다. "우리는 인간 이하의 유인원 집단이었다. 작은 내적 중얼거림, 박해받는 사람들의 힘과 비참함은 생각하는 피조물로서의 우리의 본질을 일깨워 주었지만 우리는 더 이상 세계의 일부가 아니었다. ⋯ 우리는 그들의 종족에 갇힌 존재였다. 그들이 지닌 모든 어휘에도 불구하고, 우리는 언어 없는 존재였다. 인종주의는 생물학적 개념이 아니다. 반유대주의는 모든 억류 상태의 전형이다. 사회적 공격성은 그 자체로 단지 이 모형을 모방할 뿐이다. ⋯ 어떻게 하면 ⋯ 우리 인간성에 대한 메시지를 원숭이가 말하는 것 이외

---

7   Poirié, "Entretiens: Emmanuel Lévinas/François Poirié," 84.

8   Lescourret, *Emmanuel Levinas*, 125; 『레비나스 평전』, 184.

의 어떤 것으로 전달할 수 있을까?"[9] 이처럼 인간 이하의 일을 겪는 가운데서도 레비나스와 포로들에게 인간적 대접을 한 이가 있었으니, 보비라는 강아지가 바로 그런 존재였다. 작업을 마치고 돌아오면 반갑게 짖으며 꼬리를 흔들면서 그들을 맞아 주는 그 강아지를 레비나스는 전쟁 이후 오랜 시간이 흐르도록 기억하고 있었다. 그 강아지야말로 타인을 수단으로 대하지 말고 그 자체를 목적으로 대하라는 칸트적 의미의 정언명법대로 살아가는 도덕주의자였기 때문이다.

그러고 나서, 우리의 오랜 포로 생활을 반쯤 지나, 몇 주 동안, 보초들이 쫓아내기 전까지, 떠돌이 강아지 한 마리가 우리 삶에 들어왔다. 어느 날 우리가 작업장에서 감시를 받으며 돌아왔을 때 그 강아지는 우리 무리를 만나기 위해 다가왔다. 그 개는 수용소 지역 야산에서 살아남은 자였다. 하지만 우리는 그를 소중한 강아지로 보아서, 이국적인 이름, 보비로 불렀다. 그 강아지는 아침 조회에 나타나곤 했으며, 우리가 돌아오자 펄쩍펄쩍 뛰며 기뻐서 짖어 대며 우리를 기다리고 있었다. 그에게 있어서 우리가 사람이라는 것은 의심의 여지가 없는 사실이었다. 어쩌면 『오뒷세이아』에서 귀향한 오뒷세우스를, 변장한 오뒷세우스를 알아본 개가 우리 강아지의 조상이었을지 모른다. 하지만 아니, 아니다. 그곳에

---

9 Emmanuel Levinas, "Nom d'un chien ou le droit naturel," in *Difficile liberté* (Paris: Albin Michel, 1963; 4e éd. 1995), 201-202.

는 이타카와 조국이 있었다. 여기, 우리에게는 그런 곳이 전혀 없었다. 이 강아지는 충동에 대한 준칙을 보편화하는 데 필요한 뇌를 가지지 못한, 나치 독일의 마지막 칸트주의자였다.[10]

이런 아픔의 기억 때문이었을까? 레비나스는 전후로는 전범국 독일에 발을 들인 적이 한 번도 없었다. "다만", 레스쿠레의 말대로, "현상학자 에디트 슈타인(Edith Stein)의 시복식에 참여할 수 없었던 것만큼은 유감스럽게 생각했다."[11]

전쟁 이후 레비나스는 이스라엘대학연맹의 주선으로 유대인 교사를 길러 내는 동방이스라엘사범학교의 교장 직위에 오르게 된다. 여기서 일하면서도 레비나스는 철학자로서의 근성을 잃지 않고, 『존재에서 존재자로』,『시간과 타자』및 현상학에 관한 중요한 논문들을 발표한다. 또한 나중에 책으로 출간되기도 하는 탈무드 강연도 한다. 이처럼 철학자로서의 근육을 키워 가던 중, 학자로서의 이력에 전환점을 마련해 줄 계기를 스스로 만들기에 이른다.『전체성과 무한』을 국가박사학위논문으로 제출한 일이 바로 그의 생에서 또 하나의 분기점이 된 것이다. 이 시기 레비나스는 이미 자신이 구축하려고 한 새로운 형이상학, 제일철학으로서의 윤리학에 대한 확신을 가지고 있었다. 이 논문이 출간된 이후 곧장 사람들의 모든 이

10   Levinas, "Nom d'un chien ou le droit naturel," 202.

11   Lescourret, *Emmanuel Levinas*, 127;『레비나스 평전』, 186.

목이 그에게 집중되었던 것은 아니었지만 대가들의 인정을 하나둘씩 받게 되는데, 이는 곧 레비나스가 중요한 학자로 자리매김하게 되는 밑거름이 되었다. 레스쿠레가 전해 주는 이야기를 통해 우리는 『전체성과 무한』을 둘러싼 당시의 흥분된 분위기를 다소간이나마 느낄 수 있다.

> 소르본느 대학교에서 있었던 그의 논문 심사는 장 발과 블라디미르 장켈레비치(Vladimir Jankélévitch) 앞에서 진행되었다. ··· 특히 장켈레비치는 다음과 같은 과장된 표현으로 그에게 경의를 표했다. "당신이 여기 내 자리에 앉았어야 했을 텐데요." 그러고 나서 ··· 레비나스의 논문에 베르그송이 언급되지 않았다는 사실에 대해서는 유감을 표명했다. ··· 50년간의 수고 끝에 자기 나름의 권위를 가지게 되었던 학위논문 제출자 레비나스는 성가신 듯이 약간 눈살을 찌푸리면서 다음과 같이 그의 말을 중간에 잘랐다. "장켈레비치 선생님, 선생님은 지금 시를 쓰고 있습니다. 저는 산문을 썼습니다."[12]

이와 더불어 데리다(Jacques Derrida)가 리쾨르(Paul Ricœur)를 통해 『전체성과 무한』을 접하게 되었을 때의 감흥 역시 그 책이 처음 지녔던 잠재력을 짐작하게 해 준다.

---

12 Lescourret, *Emmanuel Levinas*, 217-218; 『레비나스 평전』, 308-309.

리쾨르 집의 정원에서 산책하는 동안, 그는 나에게 『전체성과 무한』에 대해 열정적으로 말해 주었다. 그 논문은 며칠 후 레비나스가 변호해야 할 바로 그 논문이었다. 그러니까 그것은 아직 출판되지 않은 책이었다. 심사위원회의 일원이 될 리쾨르는 막 그것을 읽은 상태였다. 그는 내게 그것이 아주 훌륭한 텍스트라고 말했다. 나는 그제서야 레비나스가 후설에 관해 쓴 글들을 통해 그를 알게 되었다. 그래서 나는 다시금 리쾨르의 말을 따라가게 되었는데, 그 결과로 다음 해 여름에 『전체성과 무한』을 읽고 그 후 30년 동안 레비나스에게 바친 일련의 연구 중 첫 번째 연구인 「폭력과 형이상학」을 쓰게 되었다. 이에 에마뉘엘 레비나스라는 인물과 작품에 나를 속박시켜 준―이는 내 삶의 기회이기도 했다―리쾨르의 우정에 감탄하며, 이런 점에서 나는 그에게 빚을 졌다.[13]

이후 레비나스는 푸아티에 대학교(Universite de Poitiers)에서 처음으로 철학 강사와 교수 생활을 하게 되고, 그의 재능을 비교적 일찍 알아본 리쾨르와 미켈 뒤프렌느(Mikel Dufrenne)의 지원에 힘입어 낭테르 대학교의 부교수로 부임한다. 이로써 그는 철학교수로서, 학자로서 충실한 결과물을 내고 영예의 경력을 쌓는 데 온 힘을 쏟을 수 있게 된다. 프랑스에는 예나 지금이나 정도상의 차이는 있겠지만 대학 강단의 철학계라는, 다소 보수적인 철학의 이너서클

---

13 Jacques Derrida, "La parole," in *L'Herne Ricoeur* (Paris: L'Herne, 2004), 20-21.

을 가지고 있고, 그 중심에 있는 기관 중의 하나가 소르본느 대학교이다. 긍정적이건 부정적이건 이 학교의 교수직을 얻게 된다는 것은 철학계의 주류로 우뚝 선다는 것을 뜻하는데, 레비나스는 정년을 불과 3년 남긴 1973년에 소르본느 대학교의 교수가 된다. 이 시기 그의 후기 사유의 정점이라고 할 수 있는 『존재와 다르게 또는 존재사건 저편』(1974)이 출간된다. 또 이 책의 출간을 전후로 해서, 그의 철학은 프랑스만이 아니라 유럽 전역과 북미에서도 크게 각광받기에 이른다. 어쩌면 프랑스보다도 벨기에나 네덜란드, 그리고 미국이 그의 사상의 의의를 이른 시기부터 알아보고 자발적으로 그의 철학을 전파해 준 레비나스의 약속의 땅이었다.[14]

　　예를 들어, 『전체성과 무한』은 이 책이 처음으로 세상에 선을 보인지 얼마 되지 않은 1969년에 알폰소 링기스(Alphonso Lingis)에 의해 이미 영어로 번역되어 영어권에 빠르게 전파되었으며, 1970

14　이런 점에서 그의 사유를 널리 전파하는 데 큰 공을 세운 학자들은 처음에 프랑스보다 언급된 이런 나라에 속한 이들이었다. 이를테면 레비나스의 사유를 정돈하는 데 크게 기여한 로제 브르흐라브(Roger Burggraeve)는 벨기에의 루뱅가톨릭 대학교의 학자였고, 또 다른 중요한 학자인 테오 드 부르(Theo de Boer)는 네덜란드에서 레비나스의 철학을 동료들과 함께 널리 알렸으며, 레비나스가 처음으로 명예박사학위를 받을 수 있게끔 시카고로 초청한 로욜라 대학교의 아드리안 페이프르작(Adrian Peperzak)도 네덜란드의 네이메이흔 대학교에서 일하다가 미국으로 이주한 철학자이다. 또한 일찌감치 1980년에 레비나스에 대한 박사학위논문을 쓰고 지금까지 레비나스에 대한 중요한 이론서를 발간하고 있으며 2013년부터는 레비나스 철학 여름 세미나(Levinas Philosophy Summer Seminar)를 해마다 주관하고 있는 리처드 코헨(Richard Cohen)은 미국의 철학자이다.

년에 시카고 로욜로 대학교는 그가 은퇴하기도 전에 명예박사학위를 수여하여 그의 학문적 공로를 치하했다. 1975년에는 네덜란드의 레이든 대학교, 1976년에는 벨기에의 루뱅가톨릭 대학교에서 명예박사학위가 레비나스에게 수여되었다. 또한 레비나스는 1983년에, 향후 세계적인 철학자에게 수여되는 상으로 자리매김하게 된, 독일 하이델베르크시와 하이델베르크 대학이 수여하는 칼-야스퍼스상의 첫 번째 수상자로 선정된다. 물론 프랑스에서도 1991년에 프랑스의 정치, 경제, 사회, 문화 등 각계 전반에 큰 공로를 세운 인물을 치하하는 레지옹 도뇌르 훈장을 받는 등 레비나스는 학계를 넘어 사회적으로 존경받는 대가로 인정받는다.

이렇게 대기만성이라고 할 만큼 뒤늦게 철학자로서의 영예를 얻게 된 레비나스는 은퇴 후에도 왕성한 저술과 강연 활동을 이어 가지만, 점차 신체적으로나 정신적으로 쇠약해져 감을 견디지 못하다 평생의 동반자인 아내 라이사와 사별한 지 1년 후인 1995년, 한 해를 마감하고 돌아보기 너무도 좋은 12월 25일 크리스마스에, 그가 타자라는 흔적으로만 사유하던—하지만 일상에서는 늘 경외한—신-에게로(à-dieu) 가게 된다.

데리다가 레비나스를 떠나보내며 읊은 조사는 그가 진정 추구한 것인지 무엇인지를 진한 감동과 함께 알려 준다. 그 정서를 나누고 싶어, 좀 길지만 데리다가 레비나스를 추모한 조사 일부를 인용한다.

오래전부터, 아주 오래전부터 저는 두려웠습니다. 에마뉘엘 레비나스에게 아듀라고 말해야 할 날을 말입니다.

저는 알고 있었습니다. 이 말을 하는 순간, 그것도 큰 목소리로, 바로 여기서, 바로 그의 앞에서, 너무나도 가까이서 이 말을 하면서 제 목소리가 떨리리라는 것을. 아-듀(à-dieu), 이 말은 어떤 의미에서는 그에게서 가져온 것입니다. 그가 이 말을 제가 다르게 생각하도록 또는 다르게 발음하도록 가르쳐 주었다고 할 수 있습니다.

…

그렇습니다. 그것은 존재론에 앞선, 또 존재론 너머의 윤리입니다. 국가나 정치 너머의 윤리입니다. 그러나 또한 윤리 너머의 윤리이기도 합니다. 언젠가 미셸앙주가에서 레비나스와 나눈 대화를 저는 소중하게 기억하고 있습니다. 그 사유의 광채와 웃음의 선량함과 생략법의 우아한 농담으로 빛나던 대화 한 토막을 말이지요. 그는 제게 말했습니다. "당신도 알다시피, 흔히들 사람들은 내가 윤리에 대한 작업을 한다고 합니다만, 궁극적으로 내가 관심을 두는 것은 윤리가 아닙니다. 단지 윤리인 것이 아니란 말이지요. 내가 관심을 두는 것은 성스러운, 성스러운 것의 성스러움입니다."

…

하지만 여기서 나는 주석을 첨가하거나 물음을 던지길 그만두고 그에게 감사를 표하고 싶습니다. 그의 사유와 우정, 신뢰, '선함' … 은 다른 사람들에게도 그렇지만, 저에게도 역시 생생한 원천이 될 것입니다. 너무도 생생하고 너무도 지속적이어서, 내가 오늘 그에게 혹은 내게 일어난 것을, 즉 이 중단을, 내가 살아 있을 동안 내게는 결코 끝나지 않을 응답 가운데의 어떤 비-응답을 생각하는 데 이르지 못할 정도로 말이지요.[15]

데리다가 전한 추모의 말처럼, 우리는 윤리 너머의 윤리, 정치 너머의 윤리라는 새로운 사유의 길을 제시한 그와 더불어 성스러움의 또 다른 의미를 사유할 수 있게 되었다.

이 글을 마무리하면서 지금 우리가 처해 있는 윤리 없는 정치라는 막다른 골목에 서서 이런 레비나스 철학의 의의를 되새겨 보고 싶다. 2020년 한 해를 지나면서, 나는 그 어느 때보다 얼굴 없는 정치라는 가혹한 현실을 자주 목격했다. 마치 지금이 전시 상태라도 되는 것처럼 도덕적 의식을 너무나 쉽게 무효화하는 경우를 흔히 보게 되는데, 이런 상황에서는 정치적으로 이득을 가져다주는 전략적 사고나 행위가 뭇사람들에게 칭송받게 될 뿐, 어떤 일의 옳고 그름을 따지거나 도덕적 책임을 강조하는 것은 거추장스러운 일이 되고 만다.

레비나스가 깊이 성찰했던 것도 바로 이런 상황이다. 그는 이런 정치 논리의 극단에 전쟁이 자리하고 있음을 2차 세계대전을 둘러싼 유럽의 비극을 통해 뼈저리게 경험했으며, 윤리의 자리를 치워 버리려는 시도에 대해 다음과 같은 경고를 보내기도 했다. "우리는 합리적 담론 안에서 윤리를 도덕주의로 비난하면서 윤리를 위

---

15 Jacques Derrida, *Adieu à Emmanuel Levinas* (Paris: Galilée, 1997), 11, 15, 16. 국역본: 『아듀 레비나스』, 문성원 옮김(서울: 문학과지성사, 2016), 11, 17, 19.

한 자리를 보지 못하는 현대인들의 그릇된 성숙에 감명을 받아서는 안 됩니다." 위에서 데리다가 언급한 레비나스의 "국가나 정치 너머의 윤리", "윤리 너머의 윤리"는 바로 이러한 그의 단호한 결의와 더불어 이해되어야 한다. 그에게 정치 너머의 윤리는 정치로 환원될 수 없는 참된 인간성과 상호-인격적 관계라는 '선'의 이념 같은 것이다. 이런 '선함'은 비현실적인 고담준론을 거듭하는 몇몇 신학에서 논의되는 초월적인 것에 대한 담론이 아니라, **지금 여기** 이 땅의 인간들 사이의 끊어진 매듭을 다시 묶어 주는 관계로서의—비-신학적인—종교(Re-ligione)이고, 이런 점에서 종교는 마치 이웃에 대한 세속적 전례와도 같은 성스러움이다. 이런 점에서 그 윤리는 통상 우리가 말하는 규범적인 의미의 윤리를 넘어서는 윤리가 된다. 말하자면 그것은 '선함'의 성스러움을 욕망하는 것이다.

그렇다면 이제 우리는 또 물을 수 있을 것이다. 우리에게, 아니 나에게 진정한 선함은 무엇일까? 과연 우리에게 이 선함의 자리가 남아 있을까? 나의 자유와 권리에 대한 당연한 주장이, 정치적 승리에 대한 추구가 행여 타인의 권리나 몫을 박탈하는 것은 아닐까? 만일 우리가 이런 물음 앞에 서서, 내가 마주하는 타인, 더 나아가 내가 직접 마주하지 못하는 제삼자로서의 인간들의 삶을 염려하는 데까지 나아간다면, 아마도 우리는 이미 윤리 너머의 윤리, 선함의 성스러움, 지혜에 대한 사랑이 아닌 사랑의 지혜로서의 철학을 욕망하고 있는 것일지도 모른다. 부디 많은 독자들이 본서를 읽으며 이런 성스러움의 의미를 함께 되새겨 볼 수 있기를 조심스레 희망해 본다.

더 읽어야 할 레비나스의 저작들

앞서 레비나스의 사상이 아닌 생애에 대한 밑그림을 제공하려 했다. 그리고 이제 그의 사상 전체를 요약해 보는 것도 의미 있는 일이겠으나 이 책 전체가 레비나스의 초, 중, 후기 사상을 레비나스 그 자신의 말을 통해 압축적으로 설명하는 형태를 갖추고 있기 때문에 역자의 아둔한 말 몇 마디를 더하는 것이 크게 의미 있는 일은 아닐 것 같다(레비나스 사상 전반에 대한 친절한 안내로는 강영안 선생님의 『타인의 얼굴』[문학과지성사]을 참조하는 것이 좋다). 이에 여기서는 레비나스의 철학에 더 큰 관심을 가지고 접근하려는 이들을 위해 국내에 번역된 레비나스의 저술 가운데 꼭 읽어야 할 작품들을 간략하게 소개하고자 한다.

『후설 현상학에서의 직관 이론』

• 김동규 옮김, 서울: 그린비, 2014.

레비나스의 박사학위 논문. 그의 후설 현상학 수용과 해석의 중요한 단면을 이해할 수 있는 책이다. 이 책에서 레비나스는 후설의 직관 개념을 위시하여 그 당시까지 나온 후설의 주요 저술 전반을 하이데거의 시각으로 재구성하여 해석한다. 이 책에서 특별히 그는 후설의 의식의 직관이 주지주의적인 이론적 의식을 실천적 지향보다 우위에 둔다는 점을 강조하고 있다. 이를테면 우리가 책을 직관한다고 할 때, 책의 본질을 무엇으로 보는가? 육면체의 형태를 한 책이 여기 있음에 대한 직관이 책의 본질인가? 아니면 책의 내용이 그 책의 본질인가? 레비나스는 이런 흥미로운 물음을 던지면서 후설은 전자의 작용, 즉 객관화하는 작용에 초점을 맞추고 있다는 점을 밝힌다. 이런 후설에 대한 해석은 한편으로 타당하지만, 다른 한편으로 1930년 이후 수십 년 동안 지속적으로 간행되어 온 후설 전집의 성과를 반영할 수 없었던 시절의 연구 결과라는 점은 염두에 두어야 한다.

『탈출에 관해서』

● 김동규 옮김, 서울: 지만지, 2009; 2012.

레비나스의 독창적인 문제의식이 최초로 개진된 책으로 평가받는 연구. 1935년 출간된 이 책에 타인, 얼굴 등의 타자성에 대한 사유가 나오는 것은 아니지만, 레비나스의 고유한 문제의식인 존재로부터의 벗어남, 즉 탈출에 대한 사유가 등장한다는 점에서 매우 의의가 큰 책이다. 이때부터 레비나스는 서구 존재론이 존재 개념에 완전성의 이념마저 욱여넣어 존재가 우리에게 부과하는 '악'을 사유하지 못하게 한다고 보았다. 그에 의하면, 우리는 존재로 인해 속이 울렁거린다. 즉, 구역질이 내 안에서 올라오듯이 자기 존재가 스스로 충족되지 않는 부담으로 인해 존재는 자기 안에서부터 파열을 일으킨다. 그래서 자기 존재와 더불어 더-이상-아무것도-해볼-수 없는 상태에 이르게 되었을 때, 우리는 역설적으로 존재로부터 탈출하는 넘어섬을 사유할 수 있다. 한국어 번역본에는 레비나스의 제자 자크 롤랑이 쓴 긴 서문이 빠져 있으나 『탈출에 관해서』 본문과 롤랑의 역주는 모두 번역되어 있기 때문에, 레비나스의 사유 자체를 음미하는 데는 큰 무리가 없을 것이다.

『존재에서 존재자로』

● 서동욱 옮김, 서울: 민음사, 2003.

1947년 출간된 이 작품에서 레비나스는 그 특유의 존재론적 모험을 그린다. 이 존재론적 모험은 존재자에 대한 사유를 존재망각으로 간주하여 존재자에서 존재로 이행하는 사유를 꿈꾼 하이데거에 반대하여, 존재에서 존재자로 이행하여 성립되는 주체의 정립이 기술된다. 레비나스에게 존재는 익명적인 공포와 같은 것으로, 그 안에서 나는 인격적 존재자로 정립되지 못한 채 부유하게 된다. 이런 익명적 존재를 레비나스는 '그저 있음'으로 규정하는데, 이는 본서 『윤리와 무한』에서도 레비나스가 잘 설명하고 있는 바이다. 이 책에서 이루어진 주체로서의 존재자의 자기-정립은 이후 타자와 윤리적 관계를 맺기 위한 조건으로 자리 잡는다.

『시간과 타자』

● 강영안 옮김, 서울: 문예출판사, 1996.

1949년 출간된 이 책에서 레비나스는 타자성에 대한 물음을 본격적으로 제기한다. 『존재에서 존재자로』에서 그려 낸 주체의 자기-정립 내지 홀로서기에 대한 더 명확한 기술을 시도한 다음, 레비나스는 타자의 타자성이 어떤 것인지 포괄적인 설명을 제시한다. 이를테면 타자는 동일자로 환원할 수 없는 전적으로 다른 것이라는 생각, 나의 가능성으로 환원할 수 없는 에로스야말로 타자성이라는 생각, 그리고 그 에로스적 관계에서 일어나는 애무의 사건 같은 것은 융합을 거부하는 무질서한 것이라는 흥미로운 생각들이 곳곳에 서려 있다. 혹자들은 레비나스의 타자성에 대한 이런 신체론적인 사유가 더 발전되었으면 좋았을 것이라고 평하기도 한다. 특별히 이 책에서 타자성은 시간과 더불어 사유된다. 현존재인 나의 앞질러 달려감이라는 미래로의 투사를 통해 현재를 갱신하려고 한 하이데거의 시간론과는 다르게, 레비나스는 과거나 현재로 환원할 수 없는 절대적 미래로서의 시간을 제시한다. 이 시간은 내가 환원할 수 없는 타자로 인해 열리는 시간이다. 마치 나의 아이의 미래를 기대하지만 그 미래를 부모인 내가 선취할 수 없는 것처럼 말이다.

『전체성과 무한』

• 김도형·문성원·손영창 옮김, 서울: 그린비, 2018.

1961년 출간된 레비나스의 국가박사학위논문. 이 책에서 레비나스는 급기야 서구 존재론 전반이 전체성의 폭력과 전쟁으로 흐르는 경향이 있다는 점을 지적하며, 형이상학적 욕망으로서의 타자에 대한 욕망을 기초로 한 제일철학으로서의 윤리학을 내세운다. 여기서 레비나스는 정치와 윤리를 대립시키고, 역사와 종말론을 대립시킨다. 정치적 알리바이가 우리의 도덕적 의식을 무력하게 만들고, 역사라는 거대한 이름이 전적으로 자유로운 무신론자로서의 나의 탄생을 가로막기 때문에, 그것을 넘어서기 위한 윤리적 형이상학과 종말론을 제안한다. 타인의 타자성은 바로 이런 조건, 특별히 정치와 역사로 환원되지 않는 무신론자와의 얼굴 대 얼굴의 만남에서 현현한다. 이런 점에서 우리는 레비나스의 타인의 타자성이 마치 하늘에서 뚝 떨어진 것처럼 사유하지 말아야 한다. 그런 편견을 괄호로 묶고, 무신론적 분리라는 자아의 조건부터 타인과의 관계에 대한 사유까지 레비나스의 논증을 차근차근 따라가면 우리는 이 책을 통해 무수한 통찰을 얻을 수 있다. 본서는 분명 20세기의 기라성 같은 철학책들을 논할 때 빼놓을 수 없는 독창적인 업적임이 분명하다. 레비나스를 전문적으로 연구한 연구자 3인의 오랜 협력 끝에 나온 번역이기에 신뢰를 가지고 읽을 수 있다.

『존재와 다르게: 본질의 저편』

● 김연숙·박한표 옮김, 서울: 인간사랑, 2010.

"어떤 종파나 민족에 속한 수많은 사람의 이웃이었던, 국가사회주의에 의해 학살된 600만 명의 사람들 가운데 가장 가까웠던 이들을 기억하면서, 그리고 타인의 증오와 반유대주의에 희생당한 모든 종파와 모든 민족에 속한 수백만의 희생자를 기억하면서"라는 추모의 헌사와 함께 시작하는 이 책은 1974년 출간되었고, 레비나스의 사유를 총체적으로 종합한 결과라고 해도 과언이 아니다. 여기서 레비나스는 『전체성과 무한』에서도 견지했던 현상학에 대한 요구를 뛰어넘으면서 윤리적 응답을 가능하게 하는 언어인 '말함'과 그것을 철회하는

'말해진 것' 사이의 관계를 사유하는 일종의 언어철학을 보여 준다. 여기서 레비나스는 타인과 얼굴 대 얼굴로 만나는 데 그치지 않고, 타인의 부름이라는 윤리적 명령으로서의 언어가 나에게 주어질 때 어떻게 내가 어떤 수동성보다도 더 수동적인 수동성 아래 그 명령을 떠안게 되는지를 그려 내고자 한다. 이것이 바로 본서에 현상학에서부터 자기의 고유한 언어철학을 수립하는 데 이르는 여정이 담긴 이유이다. 이런 윤리적 명령을 떠안는 가운데 주체는 다른 사람의 짐을 대신 떠맡음으로써 타자에게 종속된, 타인의 볼모 내지 인질로서의 주체가 된다. 이 번역본은 아쉽게도 현재 절판된 상태다.

『신, 죽음, 그리고 시간』

● 김도형·문성원·손영창 옮김, 서울: 그린비, 2013.

레비나스가 소르본느 대학교에서 1975-1976년 행한 마지막 정규 강의를 엮은 작품. 이 책을 편집한 레비나스의 제자 자크 롤랑의 수고 덕분에 우리는 비교적 명징한 언어로 이루어진 『존재와 다르게』를 위시한 레비나스의 후기 사유를 제대로 음미할 수 있다. 특별히 레비나스가 이해하는 죽음, 곧 타자의 죽음과 그 죽음이 어떤 윤리적 요구를 담고 있는지를 밝혀내는 대목은 매우 흥미롭다. 또한 이 책에는 칸트, 헤겔, 베르그송, 블로흐에 대한 칸트의 해석과 비판, 수용 등이 담겨 있고, 무엇보다 많은 사람의 궁금증을 유발한 그의 후기 신-담론의 상당 부분이 담겨 있다.

『우리 사이: 타자 사유에 관한 에세이』

• 김성호 옮김, 서울: 그린비, 2019.

1991년에 출간된 이 책에는 레비나스의 흥미로운 논고가 다수 담겨 있다. 「존재론은 기초적인 것인가?」(1951)는 레비나스의 하이데거 비판의 요체가 잘 정돈된 글이다. 이후 그의 하이데거 비판은 이 글의 방향을 크게 벗어나지 않는다. 「철학과 깨어남」(1977)은 『후설 현상학에서의 직관 이론』 이후 발전된 레비나스의 후설 이해와 수용, 비판을 엿볼 수 있다. (「쓸모없는 고통」으로 번역하는 편이 더 좋았을 법한) 「무의미한 고통」(1982)에는 레비나스의 고통에 대한 관점과 신정론 비판이 잘 드러나 있다. 여기서 레비나스는 라이프니츠로 대변되는 서구 형이상학의 신정론이 인간의 고통 앞에, 홀로코스트와 같은 대참사 앞에 얼마나 무의미한 것인지를 폭로하며 '신정론의 종말'을 선언한다. 「통시성과 재현」(1985) 역시 레비나스의 시간론을 이해하기 위해 꼭 읽어야 할 글이다.

『타자성과 초월』

• 김도형·문성원 옮김, 서울: 그린비, 2020.

1995년에 출간된 책으로, 『우리 사이』처럼 레비나스의 논고들을 모아서 엮은 책이다. 「철학과 초월」은 『보편 철학의 백과사전』에 수록된 글로, 서구 철학에서 초월이라는 주제를 바라보는 레비나스의 독특한 관점이 잘 드러나 있다. 「재현 금지와 '인권'」(1984), 「평화와 근접성」(1984), 「다른 인간의 권리」(1989)는 레비나스가 그저 윤리적 책임만을 설파한 철학자가 아님을 잘 보여 주는 글이다. 여기서 레비나스는 기존의 자유주의적 사회, 경제, 국가 구조에 대한 심원한 문제제기를 하면서, 인권의 근거가 나의 자율성이 아닌 타인의 권리에 기반을 두어야 함을 역설한다. 왜냐하면 인권의 근거가 내가 된다면, 그 '나'의 인권을 우선하기 위해 '타인'의 인권을 도외시할 수 있기 때문이다. 이는 자칫 '인간은 인간에게 늑대다'(Man to Man is an arrant Wolfe; *Homo homini lupus*)라고 한 홉스식의 투쟁 상태를 용인할지도 모른다. 이 외에도 후반부에 실려 있는 대담들 역시 레비나스의 여러 중요한 통찰을 담고 있다.

감사의 말

이 책은 인문학&신학연구소 에라스무스에서 기획하는 〈에라스무스 총서〉 중 한 권으로 선정된 책이다. 이는 곧 본 연구소의 모든 연구원과 후원자들의 손길이 이 책에 스며들어 있음을 뜻한다. 연구소와 함께해 주는 모든 분들께 깊이 감사드린다. 특별히 에라스무스에서 함께 일하고 있는 이민희 선생님, 설요한 선생님, 손민석 선생님은 최종 번역 원고를 읽고 다듬어 주었다. 학부생 시절 같은 동아리에서 동고동락하며 함께 공부했던 목사 임종훈님 역시 같은 수고를 해주었다. 또한 러시아 문학 연구자이자 연극 연출가이신 신영선 박사님은 이 책에 나오는 레비나스의 도스토예프스키 작품 인용과 관련해서 러시아어 원문의 의미를 알려 주었고, 서교인문사회연구실에서 활동하는 사회학 연구자 김현준 선생님은 본서의 뒤르켐 대목을 번역할 때 도움을 주었다. 이 모든 도움의 손길에 깊은 감사의 뜻을 전한다. 다른 그 누구보다도, 책을 낼 때마다 언급하게 되는 사랑하는 나의 아내 김행민 님의 온정을 언급하지 않을 수 없다. 힘든 연구자로서의 삶을 버텨 갈 수 있게 해 주는 그녀의 사랑은 단순한 애정을 넘어선 타인에 대한 책임으로서의 사랑이었다. 이에 어느 때처럼 아내에게 진심 어린 고마움을 전하고 싶다. 또한 아내를 통해 알게 된 이웃사촌 김하정, 박수미, 진설희 선생님에게도 감사의 말을 전한다. 사회복지사로 헌신하는 이분들의 삶에는 유쾌함과 진지함이 한데 어우러져 있는데, 이 조화로운 삶의 기운이 나의 의식을 늘 새롭게 일깨운다. 마지막으로 고양이 선생 폴리와 주디에게도 고마움을 표한다. 비록 이 선생들이 이 글을 읽어 주지는 않겠지만 이들의 가르침은 내게 큰 울림을 준다. 이들이야말로 나에게 책임지는 삶이 무엇인지를 밤낮 가리지 않고 알려 주는 타자들이기 때문이다. 이처럼 한 권의 책을 낸다는 것은 여러 존재자에게 빚을 진다는 말이다. 이분들에게, 더 나아가 이 책을 위해 소비된 나무들의 삶에 빚을 갚는 마음으로 연구자로서의 삶을 더 성실하게 감당해 나갈 것을 다짐해 본다.

2020년 9월
서울 화곡동 연구실에서
김동규

인명 찾아보기

주제 찾아보기

옮긴이 김동규

총신대학교에서 신학을 공부하고, 서강대학교 대학원 철학과에서 폴 리쾨르 연구로 석사 학위를, 마리옹과 리쾨르의 주체 물음에 관한 연구로 철학박사학위를 받았다. 또한 벨기에 루뱅 대학교(KU Leuven) 신학&종교학과에서 마리옹의 계시 현상에 관한 연구로 석사 학위를 받았다. 옮긴 책으로는 피에르 테브나즈의 『현상학이란 무엇인가』(그린비), 에마뉘엘 레비나스의 『탈출에 관해서』(지만지), 『후설 현상학에서의 직관 이론』(그린비), 폴 리쾨르의 『해석에 대하여: 프로이트에 관한 시론』(공역, 인간사랑), 재커리 심슨의 『예술로서의 삶』(공역, 갈무리), 메롤드 웨스트팔의 『교회를 위한 철학적 해석학: 누구의 공동체, 어떤 해석?』(도서출판 100), 마리옹의 『과잉에 관하여: 포화된 현상에 관한 연구』(그린비) 등이 있다. 지은 책으로는 『미술은 철학의 눈이다』(공저, 문학과지성사), 『프랑스 철학의 위대한 시절』(공저, 반비), 『우리 시대의 그리스도교 사상가들』(공저, 도서출판 100), 『선물과 신비: 장-뤽 마리옹의 신-담론』(서강대학교출판부)이 있고, 이 외 다수의 연구 논문이 있다. 현재 서강대학교 생명문화연구소 연구교수, 인문학&신학연구소 에라스무스의 운영위원으로 일하고 있으며, 네덜란드 암스테르담 자유대학교(VU Amsterdam) 종교&신학과 박사 과정에서 현대 유럽 대륙철학과 종교철학, 종교 간 대화 문제 등을 연구하고 있다.